초등학생을 위한 성교육 지침서

변하는 나의 몸 그리고 성 이야기

변하는 나의 몸 그리고 성 이야기

초판 1쇄 펴낸날 2014년 6월 27일
초판 2쇄 펴낸날 2018년 4월 12일

글 ǀ 참어린이독서연구원
그림 ǀ 백철
펴낸이 ǀ 이영란
편집 ǀ 이영란
디자인 ǀ 드림스타트
펴낸곳 ǀ 도서출판 세용
등록 ǀ 2003년 9월 17일 제 300-2003-3
주소 ǀ 서울시 강서구 공항대로 653-5, 304호(염창동, 대명투웨니퍼스트)
전화 ǀ 031-717-6798 ǀ 전송 031-717-6799
전자우편 ǀ seyongbook@naver.com

ISBN 978-89-93196-39-9 63370

초등학생을 위한 성교육 지침서

변하는 나의 몸,
그리고 성 이야기

글 참어린이독서연구원 ｜ 그림 백철

세웅

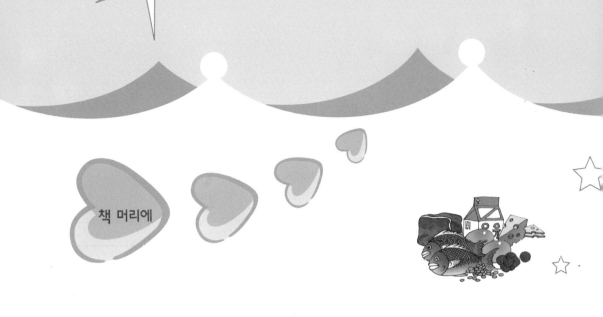

책 머리에

충분한 영양 섭취와 좋은 환경 덕분에 아이들의 성장과 발육이 그 어느 때보다 빨라지고 있습니다. 그 결과 불과 한 세대 전까지만 해도 십대 후반에 이르러서야 찾아왔던 사춘기가 이제는 십대 초반 아이들의 몫으로 옮겨지고 있습니다.

사춘기를 언제 겪든, 혼란과 방황을 동반하는 질풍노도의 시기를 피할 수는 없습니다. 하지만 십대 초반에 겪는 사춘기와 십대 후반에 겪는 사춘기는 분명한 차이가 있습니다. 사춘기를 맞이하는 자세가 다를 수밖에 없기 때문입니다.

이 책은 오늘날 사춘기를 맞이하고 있는 아이들, 그러니까 십대 초반 아이들을 위한 안내서입니다. 정신적으로는 아직 꼬마에 불과하지만 몸은 부쩍 자라 어른이 되어 가고 있는 아이들이 사춘기를 슬기롭게 극복해 내는 도우미 역할을 해 줄 것입니다.

우리는 오랜 세월 성을 터부시하는 문화 속에 갇혀 살아 왔습니다. 하지만 오늘날의 아이들은 다릅니다. 원한다면 언제 어디서나 성과 관련된 정보를 손쉽게 얻을 수 있는 환경이 조성되어 있습니다. 이는 곧 성과 관련된 사항들을 예전처럼 숨길 수만은 없게 되었다는 말입니다.

이제는 열린 공간에서 우리의 아이들에게 건강하고 바람직한 성교육을 해야 합니다. 올바른 성교육으로 자신의 몸을 스스로 잘 관리하고 보호하는 방법을 깨우치도록 이끌어야 하는 것입니다. 숨기기 이전에 제대로 알려 주는 것이야말로 건강한 정신과 신체를 갖게 하는 지름길입니다.

이 책을 통해 많은 어린이들이 사춘기를 슬기롭게 이겨냈으면 하는 바람을 가져 봅니다.

참어린이독서연구원

제3장 올바른 어른이 되기 위한 준비

제4장 임신과 출산

제1장

사춘기에 나타나는 변화

1 몰라보게 자라는 몸

이 세상의 모든 생명체는 태어나서 자라고, 어른이 된 후 서서히 늙어가다 결국에는 죽음에 이르게 됩니다. 사람도 마찬가지입니다. 사람이라면 누구나 생로병사를 벗어날 수 없다는 말도 그래서 생겨난 것입니다.

그러한 과정 중에 사춘기라는 시기가 있습니다. 사람이라면 누구나 거치게 되는 사춘기에는 몸과 마음에 수많은 변화가 일어나게 됩니다. 변화가 너무나 갑작스러워 많은 청소년들이 힘들어 하는 시기이기도 하지요.

몸과 마음이 동시에 자라는 사춘기

사람은 태어난 후 짧은 기간 몸이 놀라울 만큼 자라는 '발육 급진기'를 두 차례 거치게 됩니다.

몸 안의 내분비샘에서 만들어지는 호르몬의 작용 때문에 그런 현상이 벌어지는데 첫 번째는 두 살 무렵이고, 두 번째는 열두세 살을 전후한 시기입니다.

그런데 두 번째 발육 급진기는 몸만 자라는 것이 아니라 정신적인 변화도 함께 일어납니다. 자신의 정체성, 그러니까 '나는 누구인가?' 하는 생각을 하기 시작하는 때인 것이지요. 이와 같이 몸과 마음이 갑자기 변하면서 스스로 혼돈을 느끼는 이 기간을 우리는 사춘기라고 부릅니다.

이 시기가 되면 일반적으로 폭풍 성장을 합니다.

남자 아이의 키는 일 년 동안 무려 7~12cm나 자랍니다. 여자 아이 역시 크게 다르지 않아서 6~11cm가량 자라지요.

10~11세		12~13세		17~18세	
남자 139cm	여자 140cm	남자 151cm	여자 153cm	남자 173cm	여자 161cm

이 그림과 도표는 나이에 따른 남녀의 평균 신장을 표시한 것입니다. 그림을 보면 여자 아이의 경우 11세를 전후해서 발육 급진기가 시작되고, 남자 아이의 경우는 13세에 이르러 발육 급진기가 시작되고 있음을 알 수 있습니다.

하지만 이 통계는 평균치예요. 모든 사람의 성격이 제각기 다른 것처럼, 사춘기가 시작되는 시기와 키가 자라는 속도도 제각각이랍니다. 나아가 각 개인의 최종적인 키는 언제 발육 급진기가 시작되느냐에 의해 좌우되는 것이 아니라 부모님에게 물려받은 유전자와 영양섭취 상태에 따라 결정됩니다.

자신의 키를 예상해 보는 계산법

사춘기에 접어든 대부분이 청소년들은 자신의 키가 몇 cm까지 자랄 것인지 궁금해 합니다. 사람의 키는 뼈가 자라면서 함께 커지는데, 팔과 다리 등 긴 뼈 끝 부분 마디에는 물렁물렁한 연골이 있습니다.

이 연골이 자라 뼈가 되면서 키가 커지는 것이지요.

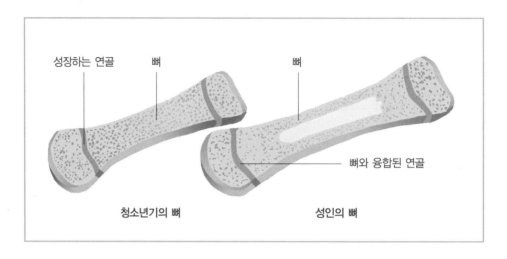

그런데 연골은 계속해서 자라지 않습니다.

일정한 시기가 되면 성호르몬의 영향을 받아 더 이상 자라지 않게 되는데, 바로 그때가 성장이 멈추는 시점입니다. 그러니까 성호르몬이 늦게 분비되면 그만큼 오랜 기간 자란다고 할 수 있겠지요.

남성과 여성을 비교해 보았을 때 여성의 키가 남성보다 작은 이유도 거기에 있습니다. 여성은 남성보다 더 어린 나이에 성호르몬이 분비되기 시작합니다. 그래서 성적으로 더 빨리 성숙하지요. 그 결과 키가 자라는 기간이 짧을 수밖에 없습니다. 그래서 남성의 키보다 여성의 키가 작은 것입니다.

아래 표에 나와 있는 수식을 이용하면 자신의 키가 몇 cm까지 자랄 것인지를 대강 짐작해 볼 수 있습니다. 물론 개인에 따라 약간의 차이가 있기 때문에 정확한 수치라고 할 수는 없지만, 여러 사람들의 자료를 모아 평균치를 구해 놓은 것이기 때문에 자신의 키를 예상해 볼 수는 있답니다.

계산식	나이	남자 아이	여자 아이
지금의 내 신장 / 총 신장 대비 % × 100	8	72%	77%
	9	75%	81%
	10	78%	84%
키가 130cm인 9세 남자 아이의 경우	11	81%	88%
	12	84%	91%
$\frac{130}{75}$ × 100 = 173이 나옵니다.	13	88%	95%
	14	92%	98%
그러니까 이 남자 아이의 키는	15	95%	99%
나중에 173cm까지 자랄 수 있다고	16	98%	99.5%
예상할 수 있습니다.	17	99%	100%
	18	100%	100%

자라면서 변하는 몸의 형태

사춘기와 함께 키가 쑥쑥 자라기 시작하면서 몸의 형태도 변화가 생깁니다. 여자 아이는 엉덩이가 커지고, 남자 아이는 어깨가 넓어지지요.

여자 아이의 경우 여성으로서의 모습을 갖추어 갑니다. 엉덩이 부분의 고관절과 골반뼈가 넓어지면서 훗날 임신했을 때 뱃속에서 아기를 키우고 낳을 수 있는 공간을 미리 만드는 것입니다.

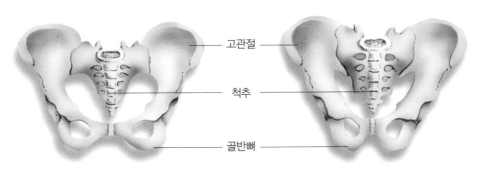

고관절

척추

골반뼈

여성의 골반   남성의 골반

남자는 아주 오랜 옛날부터 집 밖으로 나가 사냥을 하거나 채집을 해 가족들을 먹여 살려야 했습니다. 그래서 강한 힘을 키울 필요가 있었지요.

그 결과 남자 아이는 사춘기를 거치면서 어깨가 넓어지면서 힘이 세지기 시작하는 것입니다.

목소리가 변하는 변성기

남자 아이의 경우 몸이 자랄 때 목 안에 있는 후두가 커지면서 목소리가 굵어집니다. 어렸을 때에는 없던 결후, 그러니까 목 중간 부분에 불쑥 튀어나온 부분이 생기기도 하지요.

결후

결후

성대

근육

후두부를 확대한 그림

목소리의 변화는 천천히 진행되지만 변성기가 왔다는 사실을 스스로 알 수는 있습니다. 개인에 따라 갑자기 목소리가 변하는 경우도 있답니다. 아침에 일어났더니 어제와는 다르게 갈라진 듯한 목소리가 나와 깜짝 놀라는 사람도 있어요.

그 이유는 후두가 커지면서 잠시 후두의 근육이 제자리를 잡지 못한 까닭인데, 머지않아 쇳소리는 없어질 것이므로 크게 걱정할 필요는 없습니다.

달라져 가는 얼굴의 윤곽

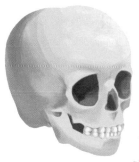

사춘기를 지나면서 얼굴의 형태가 달라지기도 합니다.

코와 턱이 예전에 비해 더 발달하는 반면, 이마가 더 넓어지지요. 남자 아이의 경우 코밑 솜털이 거뭇거뭇하게 변하기도 하는데, 여자보다는 남자의 얼굴 모양이 더 크게 변한답니다.

어린아이의 두개골

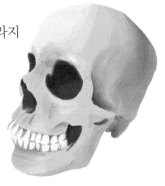

성인의 두개골

울퉁불퉁해지는 근육

남자 아이의 경우 사춘기가 되면 근육이 발달하면서 힘이 세집니다. 사람은 태어날 당시 몸 전체에서 근육이 차지하는 비율은 약 20% 정도에 불과합니다.

하지만 청소년기에 접어들면서 근육은 약 25%로 늘어나고, 다 자라서 어른이 되면 근육의 비율이 더욱 증가해 약 40%에 이르게 됩니다.

짧은 기간에 키가 너무 많이 자라면 몸이 약해진다고 여기는 사람도 있습니다. 하지만 그렇지 않습니다. 사춘기에 몸이 자라는 속도를 근육이 발달하는 속도가 따라잡을 수 없기 때문에 일시적으로 몸에 힘이 없는 듯한 시기가 있을 뿐이지요.

남자가 여자보다 힘이 센 이유

어렸을 때는 크게 다르지 않지만, 사춘기를 지나고 나서부터는 남성과 여성의 체력이 차이를 보이기 시작합니다. 남성이 여성에 비해 체력이 크게 좋아지는 것입니다.

그 이유는 몸의 형태나 크기, 또는 근육의 발달 정도가 다르기 때문입니다. 또한 남성의 심장이나 폐는 여성의 것보다 더 크게 자라기 때문이기도 하지요.

그런데 힘이 세다고 해서 남성이 여성보다 더 건강한 것은 아닙니다. 오랜 세월을 통해 상대적으로 강한 체력을 갖도록 진화되어 왔을 뿐, 개인의 건강 상태와는 상관이 없는 것입니다. 평균 수명이 남성보다 여성이 더 길다는 사실도 이를 증명하고 있습니다.

몸매에 대한 기준

언제부터인가 우리는 바싹 마른 몸매가 최고인 것처럼 여기게 되었습니다. 그것은 아마도 언론 매체, 특히 텔레비전의 영향이 절대적인 것으로 알려지고 있지요. 텔레비전에 등장하는 거의 모든 연예인들의 몸매가 그러하므로 나도 그런 몸매를 가져야 뒤처지지 않을 것이라는 생각을 하게 된 것입니다.

하지만 바람직한 몸매는 개인에 따라 상당한 차이가 있습니다. 마른 몸매가 무조건 바람직한 것은 아니라는 말이지요. 나아가 다른 사람들에게 보여줄 수 있는 나 자신의 매력은 반드시 바싹 마른 몸매에서부터 시작되는 것은 아닙니다.

16

지나치게 몸무게가 많이 나가거나, 바람이 조금만 세게 불어도 넘어질 것처럼 깡마른 체형이 아니라면 크게 걱정할 필요가 없습니다. 나 스스로 부담을 느끼지 않는 정도의 몸무게에, 꾸준한 운동으로 건강을 관리하고 있다면 그것이 바로 내 몸에 맞는 몸매인 것입니다.

2 사춘기에 나타나는 변화

사춘기는 몸 전체라고 해도 과언이 아닐 만큼 다양한 변화가 일어나기 시작합니다. 어른이 되어가는 것이지요. 나중에 아이를 갖고 낳을 수 있도록 몸이 미리 준비를 하고 있는 셈입니다.

성과 관련된 기관도 마찬가지랍니다. 성 기관도 성장하고 발달하면서 아기를 만들 수 있는 특별한 성세포가 생성되기 시작하는 것입니다. 그래서 지금까지 경험할 수 없었던 낯선 일들을 만나게 되기도 합니다.

사춘기에 일어나는 다양한 변화 중에는 우리가 알아챌 수 있는 부분도 있고, 전혀 모르고 있는 것도 있습니다. 그림은 사춘기가 되면 변화되는 대표적인 것들을 표시해 놓았습니다.

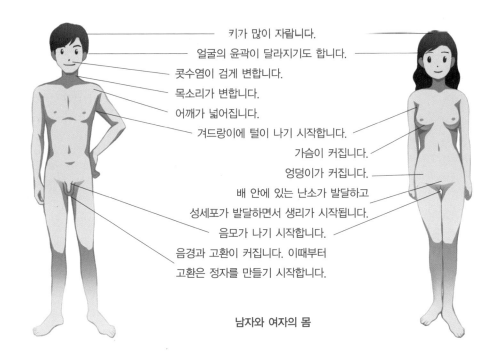

키가 많이 자랍니다.

얼굴의 윤곽이 달라지기도 합니다.

콧수염이 검게 변합니다.

목소리가 변합니다.

어깨가 넓어집니다.

겨드랑이에 털이 나기 시작합니다.

가슴이 커집니다.

엉덩이가 커집니다.

배 안에 있는 난소가 발달하고
성세포가 발달하면서 생리가 시작됩니다.

음모가 나기 시작합니다.

음경과 고환이 커집니다. 이때부터
고환은 정자를 만들기 시작합니다.

남자와 여자의 몸

변화가 시작되는 사춘기

사춘기가 오는 시기는 일정하지 않습니다. 성별에 따라, 그리고 개인에 따라 제각각 다르기 때문이지요. 여자 아이는 11세, 남자 아이는 13세쯤에 사춘기가 시작된다고 하는 말은 여러 사람들의 경우를 종합해 놓은 평균치일 뿐입니다.

보다 더 범위를 넓혀 보면 여자 아이들의 경우 8세에서 15세 사이에 사춘기를 겪는 반면, 남자 아이들의 경우는 10세에서 16세 사이에 사춘기를 경험하는 것으로 알려져 있습니다.

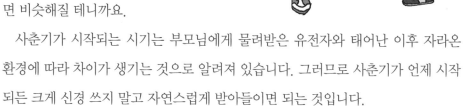

그러니까 어느 개인의 사춘기가 언제 시작되고 끝나게 될지는 아무도 알 수 없다는 말입니다. 불과 몇 분 사이에 태어난 일란성 쌍둥이 형제나 자매도 사춘기를 겪는 시기는 다를 수 있다는 얘기지요.

사춘기가 일찍 와서 키가 불쑥 자란 친구, 또는 사춘기가 늦게 와 몇 년 후에 신체가 성장한 친구도 모두 정상입니다. 나아가 사춘기를 겪는 시기가 빠르거나 늦는다고 해서 특별하게 문제될 것은 없습니다. 어차피 1~2년이 더 지나면 비슷해질 테니까요.

사춘기가 시작되는 시기는 부모님에게 물려받은 유전자와 태어난 이후 자라온 환경에 따라 차이가 생기는 것으로 알려져 있습니다. 그러므로 사춘기가 언제 시작되든 크게 신경 쓰지 말고 자연스럽게 받아들이면 되는 것입니다.

성별에 따른 몸의 변화

앞에서 얘기했던 것처럼 사춘기란 어린아이가 어른이 되는 과정입니다. 따라서 남자 아이의 경우 수염이 자라고, 여자 아이는 유방이 발달하지요. 그렇다고 해서 수염이나 유방이 아이를 갖는 데 반드시 필요한 요소는 아닙니다.

가장 기본적인 성적 특징은 성기입니다. 그에 이어 수염이나 유방은 이차적인 성적 특징이지요. 그런데 이차적 성징이 함께 나타나는 이유는 이성에게 '나는 너와 다르다'는 표시를 확실하게 해서 자신의 매력을 높게 하는 역할을 해 준답니다.

옛날에 비해 사춘기가 찾아오는 시기가 많이 빨라지고 있습니다. 그 가장 큰 이유는 모는 것이 부속했던 예전에 비해 충분한 영양을 섭취할 수 있는 좋은 환경에서 유아기를 보내기 때문이라고 합니다.

3 사춘기의 시작

어린이가 자라 어른이 되는 과정에서 일어나는 사춘기의 신체 변화는 뇌에서 시작됩니다. 적당한 때가 되면 호르몬이라는 화학물질이 많이 분비되면서 몸을 변화시키기 시작하는 것이지요.

어린아이 때라고 해서 호르몬이 전혀 분비되지 않는 것은 아닙니다. 적은 양의 호르몬이 나오기는 하지만, 그것이 아이의 몸속에서 어떤 역할을 하는지에 대해서는 아직까지 밝혀지지 않았답니다.

사춘기가 되면 사람의 뇌는 호르몬의 양을 증가시킵니다. 예전에 비해 많은 양의 호르몬이 흐르기 시작하면 남성의 몸에서는 정자라는 성 세포가 만들어지고, 여성의 몸에서는 난자가 만들어지지요.

성호르몬이라고 불리는 또 다른 종류의 호르몬 역시 분비되면서 사춘기가 시작되는 것입니다.

사춘기와 뇌의 관계

사춘기의 신체 변화가 뇌에서부터 시작된다는 사실은 앞에서 이미 말했습니다. 그렇다면 뇌의 어떤 부분이 사춘기를 시작하게 하는 것일까요? 그것은 바로 '시상하부' 라고 불리는 부위입니다.

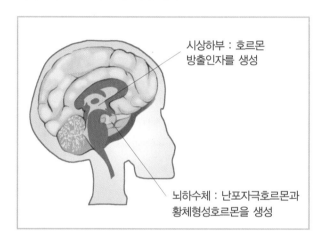

시상하부 : 호르몬 방출인자를 생성

뇌하수체 : 난포자극호르몬과 황체형성호르몬을 생성

크기는 작지만 시상하부는 활동과 동시에 뇌의 또 다른 부위인 '뇌하수체' 에 많은 양의 호르몬을 보내기 시작합니다. 이 호르몬은 '방출인자' 라고 불리기도 하는데, 이 호르몬이 뇌하수체를 자극해 '난포자극호르몬' 과 '황체형성호르몬' 을 더 많이 방출하는 역할을 하기 때문이지요.

그런 과정을 거쳐 뇌하수체에서 분비된 난포자극호르몬은 여성의 난소에 있는 난자를 발달시키고, 황체형성호르몬은 남성의 고환이 정자를 만들 수 있도록 작용합니다.

여성의 난소와 남성의 고환은 많은 양의 호르몬을 만들어 냅니다. 어린아이 때는 없었던 성호르몬이 나오기 시작하는 것입니다. 이때 나오는 여성호르몬은 에스트로겐과 프로게스테론, 그리고 남성호르몬은 테스토스테론이 주류를 이룹니다.

이러한 성호르몬은 여성의 난소와 남성의 고환이 더욱 성숙할 수 있는 밑거름 역할을 합니다. 꼬마였던 아이는 이때부터 사춘기에 접어들어 어른이 될 준비를 하면서 정신적 신체적 변화를 겪게 됩니다.

남자 아이의 경우 코밑수염이 거뭇거뭇해지고 근육이 발달하기 시작해요. 여자 아이는 가슴과 엉덩이가 부풀어 오르지요. 나아가 특별한 이유가 없는데도 어른들에 대한 반항심이 생기기도 합니다.

한편, 여성의 몸속에 있는 난소가 여성호르몬만 만들어 내는 것은 아닙니다. 소량이기는 하지만 남성호르몬을 만들어 내기도 하지요. 남성의 고환도 다량의 남성호르몬과 소량의 여성호르몬을 만들어 냅니다.

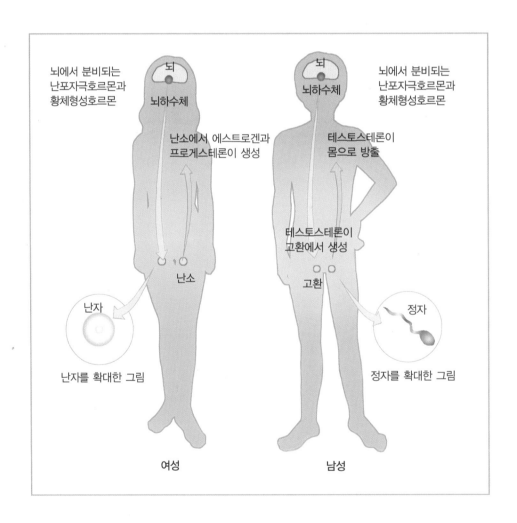

뇌에서 분비되는 난포자극호르몬과 황체형성호르몬

뇌
뇌하수체

난소에서 에스트로겐과 프로게스테론이 생성

난소

난자

난자를 확대한 그림

여성

뇌
뇌하수체

뇌에서 분비되는 난포자극호르몬과 황체형성호르몬

테스토스테론이 몸으로 방출

테스토스테론이 고환에서 생성

고환

정자

정자를 확대한 그림

남성

호르몬이란 무엇일까?

　사람의 몸은 후손을 남기기 위한 성호르몬은 물론, 그 밖에 다양한 호르몬을 끊임없이 분비하고 있답니다. 그 중에서 가장 많이 알려진 호르몬인 아드레날린의 경우, 위급한 상황과 맞닥뜨렸을 때 몸이 위험한 상황에서 벗어날 수 있도록 준비시켜 주는 호르몬입니다.

　그러니까 아드레날린은 사람이 외부로부터 스트레스를 받으면 뇌와 뼈대 주변의 근육에 있는 혈관을 확장시켜 주는데, 이는 집중력을 증대시켜 몸의 근육이 스트레스를 효과적으로 이겨낼 수 있도록 하는 역할을 하는 것입니다. 나아가 다른 부분의 혈관을 축소시켜 스트레스와 직접적으로 관련되어 있지 않은 다른 부위의 반응을 감소시켜 주지요.

　그래서 사람이 스트레스를 받으면 교감신경이 흥분하게 되고, 심장박동이 평소에 비해 훨씬 빨라집니다. 또한 모세혈관이 수축하기 때문에 혈압은 자연스럽게 상승하는 것입니다.

　예를 들어 갑자기 수많은 친구들 앞에 나가 발표를 하게 되었을 때 가슴이 두근거리는 현상이나, 그 순간만큼은 배고픔조차도 느낄 수 없게 되는 현상이 바로 아드레날린의 역할 때문입니다.

　호르몬은 내분비샘이라는 세포 집단에서 만들어지는데, 뇌하수체 역시 내분비샘 중의 하나입니다. 내분비샘은 얇은 막으로 형성된 혈관에 붙어 있는데, 내분비샘에서 나온 호르몬은 곧 혈관 막을 통과합니다.

　호르몬이 혈관 안으로 들어오면 혈액은 즉시 이 호르몬을 싣고 몸 전체의 각 부분으로 전달합니다. 그런데 호르몬은 신체 부위에 따라 각각 다르게 작용한답니다.

4 사춘기와 함께 나기 시작하는 털

성호르몬의 왕성한 분비와 함께 사춘기에 접어들면 어렸을 때는 없었던 털이 여기저기에서 나기 시작합니다. 아주 오랜 옛날에는 사람도 원숭이처럼 온몸이 털로 뒤덮여 있었어요. 그런데 문명의 발달과 함께 옷을 지어 입어 추위를 이겨 내면서부터 서서히 퇴화되어 오늘날에 이르게 되었습니다.

생식기 주변에 나는 털, 음모

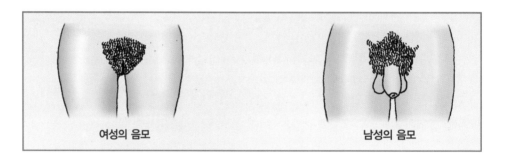

여성의 음모   남성의 음모

음모는 생식기 주변에 나는 털의 명칭입니다. 음모가 처음 나기 시작할 때는 비교적 가늘고 부드러운 편입니다. 하지만 점차 굵고 뻣뻣한 형태로 바뀌어 갑니다.

머리카락이 직모라고 해서 음모도 반드시 직모와 같은 모양을 갖고 있는 것은 아닙니다. 거의 모든 사람들의 음모는 곱슬거리지요. 드물게는 머리카락과 전혀 다른 색깔의 음모가 나는 사람도 있답니다.

음모는 생식기의 필수 요소가 아닌 2차 성징 중 하나입니다. 그래서인지 개인에 따른 편차가 매우 큽니다. 음모가 성기 주변에서 배꼽에 이르기까지 덥수룩하게 나는 사람이 있는가 하면, 음모가 아예 나지 않는 사람도 있답니다.

겨드랑이에 나는 털

겨드랑이 털은 보통 음모에 비해 한두 해 늦게 나기 시작합니다. 음모와는 달리 생식 기관과는 전혀 상관이 없어 보이는 겨드랑이 털이 사춘기가 되면서 왜 자라나는지는 아직까지 밝혀지지 않았습니다.

겨드랑이 털은 사실상 필요성이 전혀 없는 털로 알려져 있습니다. 음모의 경우 성기를 보호한다거나 이성에게 매력적으로 보이게 한다는 나름의 역할이 있지만, 겨드랑이 털은 그 정도의 쓰임새조차 없기 때문이지요.

근래에 이르러 옷소매가 짧아지면서 여성의 경우 겨드랑이 털을 제거하는 사람들이 많아지고 있습니다. 면도날로 제모를 한다거나, 제모 크림을 사용해 털을 없애기도 하지요. 하지만 겨드랑이 털은 계속 자랍니다. 게다가 겨드랑이 피부는 매우 예민하기 때문에 각별한 주의를 기울일 필요가 있습니다.

몸에 나는 털, 체모

사람은 태어날 때 머리카락을 제외한 다른 털은 전혀 없는 것처럼 보이지만, 사실은 온몸이 자잘한 솜털로 뒤덮여 있습니다. 그러다 사춘기에 이르면 솜털이 굵고 길어집니다. 특히 일부 남성의 경우는 손과 발, 그리고 가슴과 배는 물론 등에도 굵은 털이 나기도 하지요.

몸에 나는 털은 개개인에 따라 많은 차이가 있습니다. 하지만 체모는 우

25

리의 생활에 아무런 영향을 주지 않습니다. 몸에 털이 많이 난다고 해서 더 남자다운 것도 아니고, 털이 거의 나지 않는다고 해서 여성성이 강한 것도 아니지요.

체모의 많고 적음은 부모에게 물려받은 유전자에 의해 결정됩니다. 그러니까 몸에 털이 있다는 것은 지극히 자연스러운 현상입니다. 그런데 여성들의 경우 미용을 이유로 털을 없애는 경우가 많습니다. 특히 다리를 매끈하게 보이기 위해 제모를 합니다.

체모는 뽑는다고 해서 없어지지 않습니다. 머지않아 다시 자라지요. 그럼에도 불구하고 미용을 위해 제모를 하고 싶다면 미지근한 물로 거품을 충분히 낸 다음 깎는 것이 좋습니다.

얼굴에 나는 털, 수염

수염은 남자 아이가 사춘기를 지나 어른이 되는 과정에서 생기는 몸의 마지막 변화입니다. 남성의 수염은 콧수염과 턱수염이 있는데, 보통 콧수염이 먼저 자란 다음 턱수염이 나기 시작하지요.

수염 역시 몸의 다른 부위에 나는 체모처럼 인종이나 개인에 따라 차이가 많습니다. 또한 나이가 들어 노인이 되면 머리카락처럼 흰색으로 변합니다.

콧수염과 턱수염을 깎는 면도

수염은 사람을 번거롭게 합니다. 아무짝에도 쓸모가 없는 것이지만 매일 관리를 해야만 하기 때문이지요. 하루라도 면도를 하지 않으면 덥수룩하게 자라 무척 지저분해 보입니다. 설령 수염을 기르고 있는 어른이라 할지라도 매일 다듬어 주지 않으면 깔끔해 보이지 않습니다. 그러니 남자에게 수염은 귀찮은 존재가 아닐 수 없습니다.

사춘기가 지나면서 수염이 처음으로 나기 시작할 때는 전기 면도기를 사용하는 것이 좋습니다. 비교적 안전하기 때문입니다. 그러다 어른이 되면서 면도에 익숙해지면 날 면도기를 사용해도 무방합니다. 하지만 날 면도기는 매우 날카롭기 때문에 수십 년을 하루같이 면도를 해온 어른들도 종종 피부를 베곤 한답니다.

한쪽 귀 부분에서 시작해 얼굴을 따라 턱까지 내려오면서 면도합니다. 털이 난 결을 따라 면도하세요. 방향을 거꾸로 하면 상처가 날 수 있습니다.
그 반대편도 같은 방식으로 면도한 다음 스킨을 발라 줍니다.

면도할 때는 따뜻한 물로 거품을 충분히 낸 뒤에 하는 것이 좋습니다. 그리고 수염이 자라는 방향으로 면도날을 움직여야 합니다. 수염이 깔끔하게 깎인다는 이유로 수염이 자라는 반대 방향으로 면도기를 움직이면 자칫 얼굴에 큰 상처가 날 수도 있기 때문입니다.

5 대표적인 2차 성징, 유방

여자 아이들은 사춘기가 되면 유방이 커지기 시작합니다. 제일 먼저 젖꼭지가 커진 다음 주변이 봉긋하게 솟아오르면서 유방의 모습이 자리를 잡아 가지요.

여성의 유방은 난소에서 만들어지는 호르몬인 에스트로겐의 작용으로 발달합니다. 대부분 사춘기가 시작되는 10세 무렵부터 커지기 시작해 17~18세가 되면 완성되지요.

맨 처음 젖꼭지가 커지기 시작할 때 딱딱한 몽우리가 잡히면서 옷깃이 스치기만해도 통증을 느낄 만큼 예민해집니다. 하지만 이는 성장하는 과정에서 생기는 자연스러운 현상이므로 걱정할 필요는 없습니다.

나아가 양쪽 유방이 커지는 속도가 다른 사람도 있습니다. 하지만 시간이 흐르면 거의 비슷한 크기가 되므로 신경 쓰지 않아도 괜찮답니다. 특히 양쪽 유방의 모양이나 크기가 완벽하게 똑같은 사람은 없답니다.

유방의 역할

여자 아이가 자라면서 유방이 커지는 이유는 나중에 어른이 되어 아기를 낳았을 때 젖을 먹일 수 있도록 하기 위함입니다.

어머니의 젖은 갓 태어난 아기가 먹는 첫 번째 음식이지요. 아기를 낳은 후 젖에서 나오는 초유는 단백질, 무기질, 비타민 등 주요 영양소는 물론 아기가 병에 걸리지 않게 하기 위한 면역 물질을 흠뻑 담고 있답니다.

유방은 또한 여성의 중요한 2차 성징입니다. 봉긋하게 솟아오른 유방은 이성으로 하여금 매력을 느끼게 해 주지요. 게다가 신체의 다른 부위에 비해 민감한 편이어서 성적 쾌감을 높여 주기도 합니다.

유방의 크기

대부분의 여성들은 자신의 유방 크기에 매우 예민한 반응을 보이곤 합니다. 다른 사람들에 비해 너무 크거나 작은 것은 아닌지, 또는 모양이 예쁘지 않은 것은 아닌지 걱정을 하지요. 하지만 유방의 크기는 나중에 아기를 낳았을 때 젖을 만들어 내거나 저장하는 양하고는 전혀 상관이 없습니다. 또한 이성인 남성이 느끼는 매력

역시 개인에 따라 다릅니다. 유방이 큰 것을 매력적으로 느끼는 남자가 있는가 하면, 작은 유방에 매력을 느끼는 남자도 있답니다.

사람의 몸은 표준이 없습니다. 따라서 자신의 유방이 크든 작든 열등감을 가질 필요는 없습니다. 유방의 크기보다 훨씬 더 중요한 것은 자신만이 갖고 있는 개성이지요.

운동과 유방의 크기

다른 사람에 비해 자신의 유방이 작다고 생각하는 여성들의 경우 운동을 열심히 해서 유방을 키우려는 시도를 하기도 합니다. 하지만 유방에는 근육이 없어요. 따라서 아무리 운동을 많이 해도 유방이 커지지는 않습니다. 다만 수영과 같은 운동

을 꾸준히 하면 유방 주변에 있는 근육이 발달해 유방을 보다 탄탄하게 지탱해 주기는 한답니다.

유방의 구조

여성이 아이를 낳으면 뇌하수체에서 분비되는 호르몬의 작용으로 여성의 유방에서 모유가 만들어 집니다. 모유는 여성의 혈액이 유방을 통과할 때 혈액에서 빠져나오는 물질에서 만들어집니다.

유방에는 튜브같이 생긴 관, 즉 유관이 한쪽 당 15~20개씩 들어 있습니다. 이 관은 어렸을 때는 아주 작지만 사춘기가 되면 커지면서 여러 갈래로 갈라집니다. 여성이 아이를 낳은 다음에 유방 에서 모유가 만들어지기 시작하면, 모유는 이 관으로 배출된 다음 아기가 젖을 빨 때까지 이 곳 에 보관됩니다.

젖꼭지는 유방에서 가장 민감한 부위입니다. 피부 접촉과 같은 자극이 오면 젖꼭지 주변의 작은 근육들이 젖꼭지의 발기를 유도합니다. 젖꼭지의 모양은 사람마다 다른데, 아기가 엄마의 젖을 빨면 엄마의 뇌하수체에서 나온 호르몬의 작용으 로 모유가 젖꼭지에 있는 미세한 구멍을 통해 흘러나오게 됩니다.

젖꼭지 부위를 젖꽃판, 또는 유륜이라고 합니다. 옅은 분홍에서 암갈색에 이르기까지 사람마다 색깔이 다른데, 임신 중에는 평소보다 더 검은 색을 띠게 됩니다. 젖꽃판에는 작은 돌기들이 나 있습니다. 모유 수유를 하는 동 안 여기에서 젖꼭지를 보호하는 역할을 하는 지방성 물질이 만들어집니다.

사춘기가 되면서 모유가 모이는 유관이 커지면 이 부위에 지방이 형성되어 유관을 보호 하는 쿠션 역할을 하게 됩니다. 유방의 크기는 이 지방의 양에 따라 결정됩니다.

유관은 탄력성이 있는 섬유질에 의해 서로 분리되어 있습니다. 이 섬유질은 나이가 들어감에 따 라서 늘어나게 되는데, 유방이 처지는 것은 바로 이 때문입니다.

6 브래지어의 사용

여자 아이가 자라 사춘기를 지나면서부터 브래지어를 사용하게 됩니다. 그런데 의학적인 측면에서만 살펴본다면 브래지어를 착용할 까닭이 없습니다. 그럼에도 불구하고 거의 모든 여성들이 브래지어를 사용하는 이유는 여러 가지가 있지요.

그 하나는 미관상의 이유입니다.

가슴에서 돌출된 유방이 일정한 크기에 이르면 무게 때문에 섬유질이 늘어나 아래쪽으로 처집니다. 그런데 유방 아래 부분을 받쳐주는 브래지어를 하면 그 정도가 상당 부분 감소되지요. 하지만 잠을 잘 때는 브래지어를 벗는 것이 좋습니다. 몸에 꼭 끼는 브래지어에서 유방을 해방시켜 줄 필요가 있기 때문입니다.

또 하나는 편리함 때문입니다.

유방이 다 자라면 작은 움직임에도 출렁거리곤 합니다. 급한 일이 생겨 달음질을 하게 되거나 스포츠를 즐길 때는 더욱 심할 수밖에 없지요. 그런데 브래지어를 해 유방을 감싸면 훨씬 더 편안한 마음으로 움직일 수가 있습니다.

그 밖에도 개인에 따라 여러 가지 이유가 있겠지요.

브래지어의 크기

브래지어는 그 어떤 옷보다 자신의 몸에 잘 맞아야 해요. 브래지어가 너무 크면 좌우로 움직이거나, 유방을 받쳐주기는커녕 위로 올라가 버리는 경우도 있습니다. 그리고 브래지어가 너무 작으면 가슴을 너무 조여 숨쉬기가 불편해짐은 물론, 브래지어 양쪽 옆으로 가슴살이 삐져나오기도 합니다.

그리고 브래지어는 브랜드에 따라 크기가 조금씩 차이가 있다는 사실을 알아야 합니다. 무심코 평소에 알고 있던 자신의 컵 사이즈의 브래지어를 구입했다가 낭패를 보는 경우도 있어요. 그러므로 여러 브랜드의 브래지어를 다양하게 착용해 본 뒤 자신에게 가장 잘 맞는 브래지이를 선택하는 것이 안전합니다.

브래지어와 유방의 크기

브래지어를 구입하기 위해서는 자신의 가슴 치수와 컵 사이즈를 알고 있어야 해요. 일반적으로 속옷을 파는 가게에 가면 재어 주지만, 스스로 잴 수 있는 방법도 있답니다.

1. 유방 바로 아랫부분에서 흉곽의 둘레를 잰 뒤,
   그 수치에 12cm를 더해 주세요.
   예를 들어, 가슴둘레가 70cm라면 70cm + 12cm = 82cm

2. 젖꼭지를 지나는 가슴둘레를 재어 보세요.
   그 결과가 1번의 계산과 같으면 AA컵,
   1cm~1.5cm 더 크면 A컵입니다.
   그리고 2.5cm 차이가 나면 B컵, 5cm 차이가 나면 C컵,
   7.5cm 차이가 나면 D컵입니다.

제2장

남녀의 생식 기관, 그리고 성

1 여성의 생식 기관

남성에 비해 여성의 성기는 구조가 무척 복잡합니다. 또한 여성의 성기는 대부분 몸 안에 있기 때문에 여자 아이들의 경우 성기와 관련된 정확한 명칭을 모를 뿐만 아니라, 사춘기에 접어들면서 겪게 되는 성기의 변화를 제대로 인식하지 못하는 경우가 많습니다.

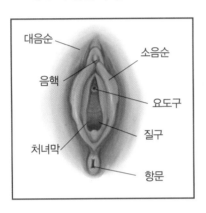

음문 _ 여성의 외음부를 음문이라고 합니다. 여성이 자신의 음문을 살펴보려면 거울을 이용해야만 합니다. 모든 여성의 음문이 그림과 똑같지는 않습니다. 사람의 생김새나 성격이 제각각인 것처럼, 음문 역시 사람마다 제각각 차이가 있습니다.

대음순 _ 대음순은 두 겹으로 된 두꺼운 피부를 말합니다. 지방으로 이루어져 있으며, 음모가 납니다. 대음순은 음문 내부를 보호하는 역할을 하며, 평소에는 닫혀 있습니다.

소음순 _ 대음순 안쪽이 있는 소음순은 성장하면서 접촉에 민감해지는 부위이며, 윤활액이 분비됩니다. 소음순 양쪽에 있는 음순의 경우 대부분 크기가 서로 다르며, 경우에 따라 대음순 밖으로 나와 있을 때도 있습니다.

음핵 _ 여성의 신체에서 가장 민감한 부위입니다. 사람에 따라 크기는 제각각입니다. 음핵은 윗부분만 눈으로 보이는데, 소음순 안쪽에 한 겹으로 된 피부로 덮여 있습니다.

요도구 _ 몸속에 있는 방광에서 외부로 이어지는 요도의 구멍으로, 소변을 밖으로 배출하는 기관입니다.

질구 _ 질구는 내부 생식 기관으로 이어지는 통로인 질로 연결되는 입구를 말합니다. 질에서는 스스로 깨끗해지는 작용을 하기 위해 약간의 분비액이 흘러나옵니다. 나아가 생리를 할 때 생리혈이 나오는 곳이기도 합니다. 또한 성관계를 맺을 때 남자의 음경이 삽입되는 곳이며, 임신 후 아이를 출산하는 통로이기도 합니다. 질구는 아주 좁지만 크게 늘어납니다.

처녀막 _ 처녀막은 질구 위에 나 있는 얇은 피부층입니다. 처녀막은 사춘기를 거치면서 질이 커지고 늘어
  남과 함께 파열되는데, 격렬한 운동을 할 경우 그 이전에도 파열될 수 있습니다. 파열되기 이전
  에는 작은 구멍이 많이 있어서 생리혈이 흘러나올 수 있습니다.

항문 _ 소화 기관의 끝에 있는 구멍으로, 대변을 배출하는 기관입니다.

내부 생식 기관

사춘기가 되면 여성의 내부 생식 기관도 많이 자랍니다. 다음 그림은 여성의 내
부 생식 기관입니다.

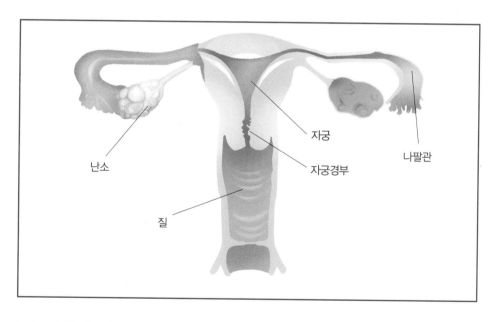

난소 여성에게는 난소가 두 개 있습니다. 배 아래쪽 양 옆으로 각각 하나씩 있는데, 자궁 외부에 붙어
  있습니다. 완전히 성숙한 난소는 모양이나 크기가 껍질을 까놓은 호두와 비슷합니다. 여성은 태어

날 때부터 난소에 수십만 개나 되는 난자를 갖고 있습니다. 그러다가 사춘기가 되면 뇌하수체가 만들어 내는 난포자극호르몬과 황체형성호르몬에 의해 성숙해진 난자가 방출됩니다. 보통 한 달에 한 개의 난자가 양쪽 난소에서 번갈아가면서 방출되는데, 이런 현상을 배란이라고 합니다. 이러한 과정은 약 50세 전후까지 계속되는데, 더 이상 배란이 일어나지 않는 것을 폐경이라고 하며, 그 시기를 폐경기라고 합니다.

나팔관 _ 나팔관은 길이 12cm 정도에 연필 정도의 너비입니다. 난소에서 난자가 방출되면 나팔관 끝에 술처럼 나 있는 난관체 중에서 가장 가까운 쪽에 있는 난관체가 난자를 낚아채 나팔관 안으로 끌고 들어갑니다. 그런 다음 나팔관의 근육벽과 미세한 털이 난자를 움직여 자궁까지 옮깁니다. 난자가 나팔관 안에 있는 동안 여성이 성관계를 하면 임신이 될 수 있습니다. 남성의 몸에서 나온 정자가 난자와 만나 수정을 하는 것입니다.

자궁 _ 난자는 나팔관에서 자궁의 빈 공간으로 들어갑니다. 자궁은 두터운 근육벽으로 둘러싸여 있으며, 내막에는 혈관이 많이 있습니다. 자궁 내막은 난소에서 분비된 에스트로겐과 프로게스테론이라는 성호르몬의 양이 변화함에 따라 상태가 변화합니다. 사춘기 때부터 폐경기까지 한 달에 한 번씩 자궁 내막은 수정된 난자가 내막에 착상해서 아기로 발달할 수 있게 하기 위한 준비를 하면서 두꺼워집니다. 수정이 일어나지 않으면 난자는 해체되고 자궁 내막은 허물어지는데, 그것이 바로 생리입니다. 허물어진 자궁 내막이 질을 거쳐 피와 함께 몸 밖으로 배출되는 것입니다.

자궁경부 _ 자궁과 질을 연결하는 폭 2mm 정도의 좁은 통로입니다. 여자가 출산을 하면 이 경관은 아이가 빠져나갈 수 있도록 크게 넓어집니다.

질 _ 질은 자궁과 신체의 외부를 연결해 주는 약 10cm 정도의 근육질 통로입니다. 질벽은 아코디언처럼 접혀 있어서 아기를 출산할 때 쉽게 늘어납니다. 질 내벽에서는 자정 작용과 습윤 작용을 하는 분비액을 만들어 냅니다.

내부 생식 기관의 위치

그림은 배 안에 있는 여성의 생식 기관을 그려놓은 것입니다. 이 그림은 옆에서 본 모습으로, 내부 생식 기관을 비롯한 다른 장기들의 위치를 알 수 있습니다.

36

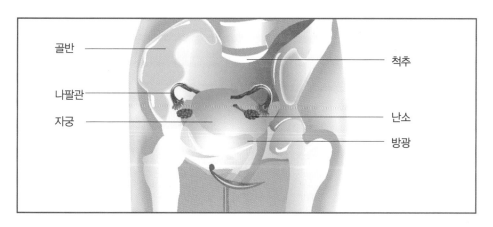

골반 ———
나팔관 —
자궁 —

——— 척추
——— 난소
——— 방광

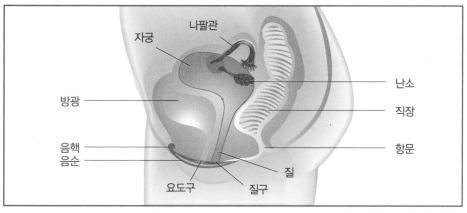

자궁 나팔관
방광 ———
음핵 —
음순 —

요도구 질구

——— 난소
——— 직장
——— 항문

질

2 가장 커다란 변화, 생리

　사춘기에 접어든 여자 아이들의 몸에 나타나는 가장 큰 변화는 단연 생리입니
다. 생리란 수정이 일어나지 않은 난자가 해체됨과 함께 자궁 내막이 허물어지면서
생긴 피가 질을 통해 몸 밖으로 배출되는 현상입니다.

몸에서 나오는 피 때문에 누구나 처음에는 화들짝 놀라거나 잔뜩 긴장하게 됩니다. 하지만 지레 겁을 낼 필요는 없어요. 건강한 여성이라면 누구나 한 달에 한 번씩 경험하는 일상적인 일이니까요.

게다가 오늘날 시중에서 판매하는 생리대는 하나같이 품질이 좋습니다. 따라서 며칠에 걸쳐 조금씩 흘러나오는 생리혈을 완벽하게 흡수할 수 있답니다.

생리의 시작

생리가 시작되는 시기는 개인에 따라 많은 차이가 있습니다. 빠르게는 8세부터 시작하는 경우도 있는데, 8~17세 사이에 초경을 한다면 정상으로 여긴답니다.

생리는 유방이 커지기 시작하고 나서 일 년 정도 지난 후에 시작되는 것이 일반적입니다. 하지만 생리란 내 마음대로 시작할 수도 없고, 나아가 마음대로 멈출 수도 없는 것이므로, 언제 초경을 경험하든 자연스럽게 받아들이는 것이 좋습니다.

생리와 호르몬

다음 그림과 설명을 꼼꼼하게 살펴보고 이해할 필요가 있습니다. 생리 주기가 호르몬의 영향을 어떻게 받는지 설명하고 있으니까요. 생리 주기는 개인에 따라 상당한 차이가 나기도 합니다. 하지만 그림에서의 생리 주기는 평균치라고 할 수 있는 28일을 기준으로 했습니다.

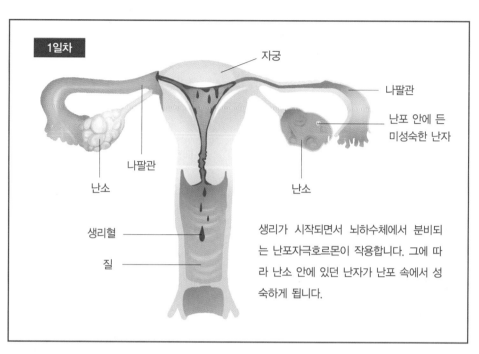

1일차

자궁

나팔관

난포 안에 든
미성숙한 난자

나팔관

난소

난소

생리혈

질

생리가 시작되면서 뇌하수체에서 분비되
는 난포자극호르몬이 작용합니다. 그에 따
라 난소 안에 있던 난자가 난포 속에서 성
숙하게 됩니다.

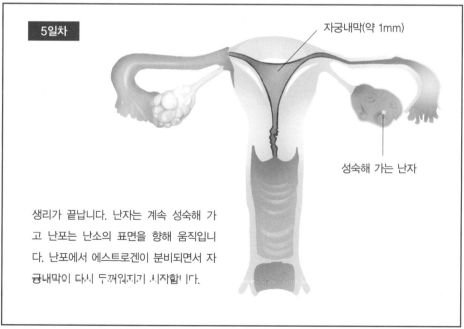

5일차

자궁내막(약 1mm)

성숙해 가는 난자

생리가 끝납니다. 난자는 계속 성숙해 가
고 난포는 난소의 표면을 향해 움직입니
다. 난포에서 에스트로겐이 분비되면서 자
궁내막이 다시 두꺼워지기 시작합니다.

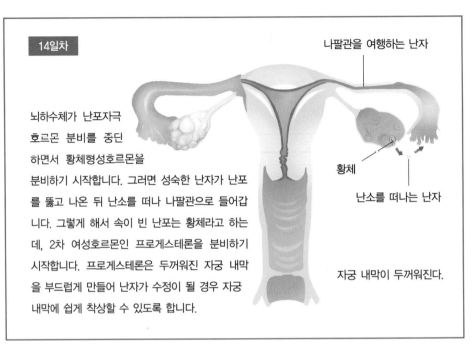

14일차

나팔관을 여행하는 난자

뇌하수체가 난포자극 호르몬 분비를 중단 하면서 황체형성호르몬을 분비하기 시작합니다. 그러면 성숙한 난자가 난포를 뚫고 나온 뒤 난소를 떠나 나팔관으로 들어갑니다. 그렇게 해서 속이 빈 난포는 황체라고 하는데, 2차 여성호르몬인 프로게스테론을 분비하기 시작합니다. 프로게스테론은 두꺼워진 자궁 내막을 부드럽게 만들어 난자가 수정이 될 경우 자궁 내막에 쉽게 착상할 수 있도록 합니다.

황체

난소를 떠나는 난자

자궁 내막이 두꺼워진다.

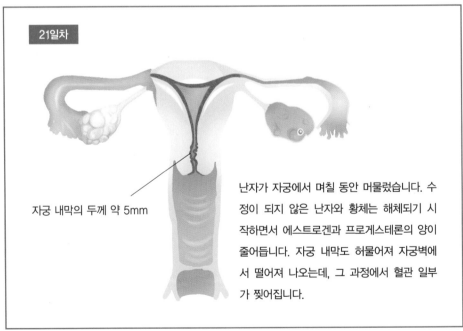

21일차

자궁 내막의 두께 약 5mm

난자가 자궁에서 며칠 동안 머물렀습니다. 수정이 되지 않은 난자와 황체는 해체되기 시작하면서 에스트로겐과 프로게스테론의 양이 줄어듭니다. 자궁 내막도 허물어져 자궁벽에서 떨어져 나오는데, 그 과정에서 혈관 일부가 찢어집니다.

생리의 빈도와 지속 기간

여성의 생리 주기는 개인에 따라 많은 차이가 있습니다. 20일에서 35일까지 그 편차가 무척 큰데, 보통 한 달 주기로 생리를 하는 사람들이 많습니다. 그래서 월경이라고 부르기도 하지요.

생리는 또한 주기가 매번 정확한 것도 아닙니다. 이전 달에는 25일이었던 것이 이달에는 30일이 되기도 하는 등, 그때그때의 상황이나 몸 상태에 따라 달라지지도 합니다.

나아가 생리를 하는 기간은 평균 5일 가량 지속됩니다. 그런데 경우에 따라 2일 만에 끝나는 경우가 있는가 하면, 길게는 7~8일 동안 지속되는 경우도 있습니다.

생리혈의 양

생리는 시작된 후 평균적으로 5일 정도 지나야 끝나기 때문에 몸 밖으로 배출되는 생리혈의 양 또한 무척 많을 것이라고 생각하는 사람들이 많습니다. 하지만 크게 걱정할 정도는 아닙니다.

생리는 개인에 따라 차이가 있기는 하지만 평균 50ml 정도라고 합니다. 우리가 시중에서 쉽게 구입해 마실 수 있는 요구르트 한 병이 65ml인데, 그보다 더 적은 양이 5일에 걸쳐 나누어져 나오는 것이지요.

붉은 피처럼 보이는 생리혈에는 자궁 내막이 자궁벽에서 떨어져 나올 때 작은 혈관들이 찢어지면서 나오는 피와 세포, 그리고 자궁 경부에서 분비된 끈적끈적한 분비물이 포함되어 있답니다.

생리대의 선택

생리혈을 흡수하기 위해서 사용하는 생리대의 종류는 무척 다양합니다. 크기는 물론 두께도 마찬가지입니다. 따라서 자신의 몸이나 생리혈의 양에 따라 마땅한 것을 골라 쓸 수 있습니다.

생리대   속옷 안쪽에 부착한 생리대   생리대 부착 후 착용

생리대 뒷면은 속옷에 붙일 수 있도록 반창고처럼 만들어져 있습니다. 그래서 몸을 움직여도 생리대가 한쪽으로 쏠리지 않는 것입니다. 게다가 생리대 양쪽에 날개가 달린 제품도 있는데, 날개 부분을 접어 속옷 바깥 부분에 붙이면 더욱 단단하게 고정됩니다.

생리대 바꿔 주기

생리혈이 몸 밖으로 배출될 때는 무척 깨끗한 상태입니다. 하지만 몸 밖으로 나오는 순간 공기와 만나면서 여러 가지 세균과 만나 반응을 하지요. 그 결과 좋지 않은 냄새가 나거나 감염의 원인이 되기도 합니다. 따라서 생리의 양이 많지 않더라도 생리대를 자주 갈아 주는 것이 좋습니다.

생리대를 바꿀 때는 빈드시 생리대 포장지나 화장지에 잘 싸서 휴지통에 버려야 합니다. 생리대는 물에 잘 녹는 화장지가 아닙니다. 따라서 귀찮다는 이유로 화장실 변기에 넣고 물을 내리면 변기가 막혀 버릴 수도 있답니다.

또 다른 생리대, 탐폰

보통의 생리대가 속옷에 부착해 사용하는 제품이라면, 탐폰은 질 안으로 넣어 사용하는 생리대입니다. 탐폰은 몸 안으로 넣어 사용하기 때문에 냄새 걱정을 하지 않아도 됩니다. 그리고 얇은 옷을 입어도 괜찮을 뿐만 아니라 목욕이나 수영도 편하게 할 수 있습니다.

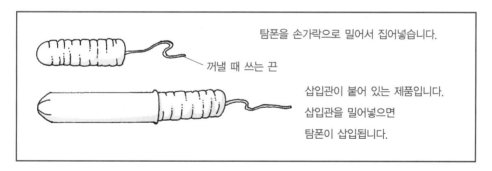

탐폰을 손가락으로 밀어서 집어넣습니다.

꺼낼 때 쓰는 끈

삽입관이 붙어 있는 제품입니다.
삽입관을 밀어넣으면
탐폰이 삽입됩니다.

속옷 부착형 생리대와 마찬가지로 탐폰 역시 다양한 크기가 있습니다. 탐폰의 크기는 체형의 크기가 아닌 생리량에 따라 결정하지요.

탐폰은 다음과 같이 사용합니다.

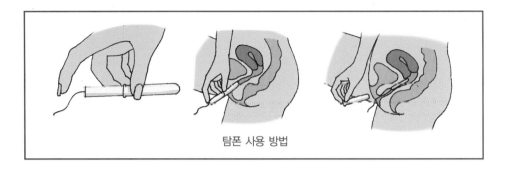

탐폰 사용 방법

탐폰 갈아 주기

부착형 생리대는 생리혈의 양을 눈으로 확인할 수 있기 때문에 언제든 갈아 줄 수 있습니다. 하지만 탐폰은 삽입형이기 때문에 눈으로 확인할 수가 없어요. 경우에 따라 탐폰을 꺼내기 위해 달린 끈에 피가 묻어 있거나 아랫배가 부글거리는 느낌이 들기도 한답니다.

어쨌든 탐폰은 최소한 4시간 이내에 갈아줘야 합니다. 그 이상 착용하게 될 경우 감염의 위험이 있기 때문입니다. 따라서 잠을 잘 때는 반드시 탐폰을 제거한 뒤 부착형 생리대를 사용하는 것이 안전합니다.

독성 쇼크 증후군

독성 쇼크 증후군이란 탐폰을 처음 사용하는 젊은 여성들에게 종종 발견되는 질병입니다. 많이 발생하지는 않지만 심각한 상황으로 치달을 수 있으니 탐폰 사용 설명서에 적힌 증상과 응급처치 방법을 잘 알고 있어야 합니다.

독성 쇼크 증후군에 걸리지 않으려면 작은 탐폰을 사용하는 것이 유리합니다. 다소 번거롭더라도 자주 갈아 주는 지혜도 필요하지요. 나아가 생리를 하지 않을 때는 절대 탐폰을 사용해서는 안 됩니다.

생리를 처음 시작할 때

사춘기에 접어들면서 생리가 시작되면 처음에는 무척 어색해요. 주변에 있는 모든 사람들이 자신의 생리를 마치 알고 있는 것처럼 느껴져 민망하고 불안한 마음이 들기도 합니다.

하지만 전혀 걱정할 필요 없습니다. 내가 먼저 말하지 않는 이상 내가 생리 중이라는 사실을 알아채기란 쉽지 않은 일이니까요. 그럼에도 불구하고 마음이 놓이지 않는다면 생리 기간에는 몸에 바짝 끼는 것보다는 헐렁한 옷을, 밝은 색보다는 어두운 색 계열의 옷을 선택하세요.

목욕과 수영

옛날에는 생리 기간 중에 차가운 것을 먹으면 해롭다, 머리를 감지 않아야 한다는 등 여러 가지 속설들이 있었습니다. 생리를 왜 하게 되는지를 몰랐을 때부터 유래된 이야기지요. 하지만 생리 기간이라 할지라도 평소와 다르게 생활해야 할 이유는 전혀 없습니다. 목욕 역시 마찬가지예요. 생리 중에 물속에 들어가더라도 생리혈이 펑펑 흘러나오지는 않아요. 다만 목욕을 마치고 나서 물기를 닦을 때 생리혈이 수건에 묻지 않도록 주의를 기울이기만 하면 되겠지요.

또한 생리 중임에도 불구하고 굳이 수영을 하고 싶다면 탐폰을 사용하면 됩니다. 그리고 수영장은 나 혼자 사용하는 공간이 아니므로 평소에 비해 조금 더 신경을 쓸 필요가 있습니다.

임신과 생리

임신을 하고 있는 중에는 생리를 하지 않습니다. 자궁 속에 이미 수정란이 있기 때문이지요. 만약 지난 번 생리 이후에 성관계를 가졌는데 예정된 날짜가 되어도 생리가 시작되지 않는다면 임신이 되었을 가능성이 있습니다. 따라서 그럴 경우에는 반드시 임신 테스트를 해봐야만 합니다.

반갑지 않은 불청객, 생리통

생리는 건강한 여성이라면 누구나 경험하는 지극히 정상적인 현상입니다. 그런데 생리가 시작될 때를 전후해서 통증을 느끼는 경우가 있습니다. 그러한 현상은 자궁 근육을 수축시키는 호르몬의 영향 때문인데, 아랫배가 쑤시거나 옥죄는 듯한 통증을 동반하기도 한답니다.

통증이 그다지 심하지 않을 때는 스트레칭이나 가벼운 운동을 하면 도움이 됩니다. 하지만 통증이 심할 때는 진통제 정량을 먹거나 핫팩을 배 위에 올려놓고 있으면 좋습니다.

그런데 매달마다 지속적인 생리통 때문에 학교에 가기가 어려울 만큼 고통을 받고 있다면 병원에 가서 진료를 받아 보세요. 무작정 견디는 것보다 병원으로 가서 의사 선생님의 도움을 받는 것이 훨씬 더 현명한 방법입니다.

생리전증후군

생리는 맨 처음 아주 작은 양에서 시작해 점차 많아졌다가 차츰 줄어들면서 끝나게 됩니다. 그런데 생리의 양이 지나치게 많아 빈혈증상이 나타나는 경우도 있습니다. 평소에 비해 지나치게 많은 생리혈이 이틀 이상 지속된다면 곧바로 병원에 가봐야 합니다.

한편, 생리가 시작되기 전 며칠 동안 생리전증후군으로 고통을 받는 경우도 있습니다. 가슴이 붓고 아랫배가 부풀어 오르는 듯한 느낌이 있으며, 우울함을 동반한 두통과 피로가 겹치는 증상이 오는데, 이는 호르몬 분비량의 변화 때문에 생겨난 현상으로 짐작하고 있답니다.

아직까지 생리전증후군에 대한 정확한 원인이 밝혀지지 않았으므로, 그에 대한 치료법 또한 확실한 것이 없습니다. 다만 가벼운 운동이나 취침, 적은 양의 식사를 자주 하는 것이 도움이 된다고 알려져 있답니다.

생리불순과 이유

평생 동안 똑같은 생리 주기를 일정하게 유지하는 사람은 없습니다. 특히 생리를 시작하고 나서 1~2년은 들쭉날쭉 하는 것이 보통이랍니다. 호르몬이 아직까지 규칙적인 리듬을 잡지 못해서 생겨난 일이시요.

그런데 오랫동안 일정한 생리 주기를 유지하다 갑자기 생리불순이 생기기도 합니다. 몸에 질병이 있거나 과도한 스트레스, 또는 지나친 다이어트나 일상생활이 변할 때 생리불순이 나타나는 것으로 알려져 있습니다.

 ## 3 남성의 생식 기관

여성과는 달리 남성의 생식 기관은 대부분 외부에 노출되어 있기 때문에 자신의 생식 기관이 성숙해져 가는 과정을 쉽게 확인할 수 있습니다.

남성의 경우 사춘기가 다가오면 고환이 발달하는데, 그로부터 일년 정도 지난 후에 음경이 커지기 시작합니다.

그림은 정면에서 바라본 남성의 생식 기관 모습입니다.

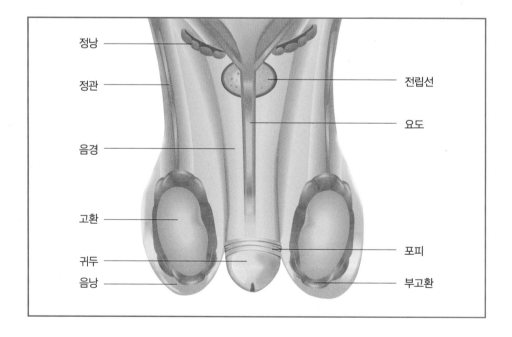

고환 _ 고환은 테스토스테론이라는 남성 호르몬과 정자를 생산합니다. 그러니까 여성의 난소와 같은 역할을 하는 것입니다. 여성의 난소가 좌우로 하나씩 있는 것처럼 남성의 고환 역시 두 개인데, 서로의 크기가 반드시 같지는 않습니다. 고환은 사춘기 무렵부터 끊임없이 정자를 만들어 냅니다. 여성의 경우 폐경기가 되면 생리를 멈추지만 남성은 훨씬 더 나이가 많이 들어도 정자 생산은 계속됩니다. 이는 남성이 여성에 비해 자신의 후손을 남길 수 있는 기간이 무척 길다는 뜻과도 같습니다.

음낭 _ 음낭은 고환을 담고 있는 주머니입니다. 음낭은 얇고 헐렁한 피부에 수많은 주름이 잡혀 있는데, 보통 체온보다 약 2℃ 정도 낮은 온도에서만 생산되는 정자의 특성 때문입니다. 따라서 음낭은 주변 온도가 높아지면 길게 늘어지고, 온도가 낮아지면 바싹 쪼그라들어 정자 생산을 위한 최적의 온도를 유지합니다.

부고환 _ 부고환은 고환 뒤쪽에 말려 있는 관으로 그 길이는 약 6m에 이릅니다. 고환에서 갓 생산된 정자는 부고환으로 이동해 약 2주에 걸쳐 성숙합니다.

정관 _ 정관은 고환에서 만들어진 정자가 음경으로 이동하는 통로입니다. 부고환에서 골반 안쪽으로 이어져 요도와 연결되어 있으며, 길이는 약 40cm 정도인데 근육으로 이루어져 있습니다.
정낭 _ 정관 끝에 있는 기관으로, 정액을 생산합니다.

전립선 _ 정자가 활발하게 움직일 수 있도록 하기 위해 분비액을 만들어 내는 기관입니다.

요도 _ 평상시에 요도는 방광에 모인 소변을 몸 밖으로 배출하는 통로로 이용됩니다. 하지만 성적으로 흥분했을 때는 정액을 나르는 역할을 합니다. 이때 나오는 정액은 정낭과 전립선에서 만들어진 분비액 속에 정자가 섞인 것입니다.
음경 _ 평상시의 음경은 작고 말랑말랑합니다. 하지만 성적으로 흥분하게 되면 평소보다 훨씬 더 많은 양의 혈액이 음경으로 흘러들어옵니다. 게다가 빠져나가는 혈액은 적어지기 때문에 딱딱하게 부풀어 오르게 됩니다. 이러한 현상을 발기라고 하는데, 여성의 질에 삽입할 수 있도록 준비를 하는 것입니다. 음경이 질 속에서 정자를 방출하면 임신이 될 수 있습니다.
귀두 _ 음경의 끝 부분으로 삿갓과 같은 모양을 하고 있으며 남성의 성기 중에서 가장 민감한 부분입니다.

포피 _ 귀두를 덮고 있는 피부를 일컫는 말입니다. 포피에 덮인 귀두에서는 '구지' 라고 하는 흰색 물질이 만들어지는데, 구지는 포피가 귀두에서 자연스럽게 벗겨지도록 하는 역할을 해 줍니다.

남성 생식 기관의 명칭과 위치

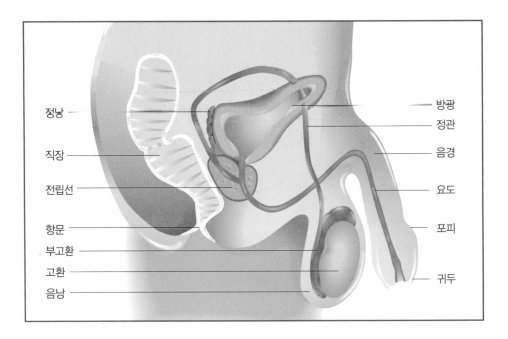

정낭 — 　　　　　　　　　　— 방광
　　　　　　　　　　　　　— 정관
직장 — 　　　　　　　　　　— 음경
전립선 — 　　　　　　　　　— 요도
항문 — 　　　　　　　　　　— 포피
부고환 —
고환 —
음낭 — 　　　　　　　　　　— 귀두

할례와 포경 수술

　아주 오랜 옛날부터 일부 종교에서는 남자 아이의 포피를 잘라 내는 '할례' 라는 풍습이 있었습니다. 그러한 종교적인 영향과 위생상의 이유로 많은 사람들이 포피를 잘라 내는 포경 수술을 하고 있습니다.

　수술을 하지 않으면 구지가 쌓여 고약한 냄새가 나거나 세균 번식으로 감염의 우려가 있는 것은 사실입니다. 하지만 포경 수술을 하지 않더라도 샤워를 할 때마다 포피를 벗긴 뒤 물로 씻어 주면 큰 문제는 생기지 않는답니다.

50

음경의 크기

상당수의 남자 아이들은 자신의 음경이 다른 사람에 비해 작다고 생각하며 걱정하는 경우가 있습니다. 하지만 음경의 크기는 그다지 걱정할 일이 아닙니다. 평상시에는 비록 작아 보일 수도 있겠지만, 발기를 하면 큰 차이가 없기 때문입니다.

음경의 크기는 사람마다 다릅니다. 키와 비례하는 것도 아닙니다. 발기를 했을 경우 우리나라 남성들의 평균 음경 길이는 약 9~12cm 정도인 것으로 알려져 있습니다.

특히 대부분의 여성들은 음경의 크기에는 그다지 관심이 없다고 합니다. 그보다는 상대가 얼마나 자상한 마음씨를 갖고 있으며, 나를 얼마나 사랑하고 있는지에 더 많은 관심이 있답니다.

4 자위와 몽정, 그리고 성관계

사춘기를 지나면서 성호르몬의 분비가 증가하고, 생식 기관이 성숙해지기 시작합니다. 그와 동시에 불과 얼마 전까지만 해도 전혀 떠오르지 않았던 성적인 감정이나 느낌이 새록새록 커져 갑니다.

그러한 현상은 이성에 대한 관심으로 발전하게 되는데, 처음에는 대부분 막연한 상상 속에서 머물다가, 시간이 지나면서 잠을 잘 때 꿈속에서 구체화되기도 합니다. 그러나가 이성에 대한 육체적인 접촉이나 성관계에 대한 욕망이 생기게 됩니다.

청소년기에 성관계에 대한 욕망이 생겨나는 것은 지극히 자연스러운 현상입니다. 하지만 내키는 대로 하면 절대로 안 되는 것이 성관계이기도 합니다. 상대방에게 씻을 수 없는 상처를 입힐 수도 있기 때문입니다.

그래서 세계 각국은 '승낙 연령' 또는 '동의 연령'이라고 하는 나이를 정해 놓고, 그 나이가 되기 전에 이루어진 성관계는 모두 불법적인 것으로 정해 놓았습니다.

스페인의 승낙 연령은 13세입니다. 인도의 경우 16세로 정해져 있습니다. 우리나라는 14세인데, 아직 14세가 되기 전의 이성과 성관계를 했다면 비록 상대방의 동의를 얻었다고 할지라도 법의 심판을 받게 됩니다.

나아가 승낙 연령이 지났다고 해도 상대방의 강요에 의해 억지로 하게 되는 모든 성관계는 불법입니다. 어떤 상황에서든 내가 싫으면 과감하게 거부할 수 있는 것이 성관계인 것입니다.

성에 대한 상상

사춘기가 되면 이성에 대한 상상을 하는 경우가 많습니다. 자신이 알고 있는 이성과 한적한 길을 걷는다거나, 텔레비전에 나오는 연예인과 꽃밭에서 뛰노는 상상을 하기도 합니다.

이러한 상상은 지극히 자연스러운 것입니다. 따라서 스스로를 꾸짖는다거나 죄책감을 가질 필요는 없습니다.

당혹스러운 발기

남자 아이가 사춘기가 지나면 종종 전혀 예상치 않았던 발기 때문에 곤혹스러움을 겪곤 합니다.

성과 관련된 상상을 하거나 자극을 받지 않았음에도 불구하고 발기가 되면 당혹스러울 수밖에 없지요. 특히 잠에서 깨어난 아침의 발기가 그렇습니다.

하지만 그런 일이 일어나더라도 부끄러워할 필요는 없습니다. 건강하다는 증거니까요. 혹시 다른 사람들이 있는 장소에서 예기치 않은 발기가 된다면 성과 관련되지 않은 다른 생각에 집중해 보세요. 그러면 곧 정상으로 되돌아갈 것입니다.

의학적인 면에서 남성의 음경은 세 가지 이유로 발기를 하는 것으로 알려져 있습니다. 성적인 접촉에 의한 '반사 발기'와 시각이나 청각 등의 자극에 의한 '정신 발기', 그리고 잠을 잘 때 일어나는 '야간 발기'가 바로 그것입니다.

반사 발기나 정신 발기는 따로 설명할 필요가 없을 것입니다. 다만 야간 발기의 경우는 조금 특별한 경우로, 잠을 자는 도중의 꿈을 꾸는 단계인 렘수면 상태에서 일어나곤 한답니다.

건강한 남성이라면 누구나 잠을 자는 도중에 발기를 하는데, 성과 관련된 꿈을 꾸지 않았다 할지라도 두 시간에 한 번 꼴로 반복됩니다. 이러한 야간 발기는 음경의 건강과 밀접하게 관련되어 있어요. 이러한 과정을 통해 음경 조직을 건강하게 유지할 수 있고 퇴화를 막을 수 있기 때문이랍니다.

뒤처리가 번거로운 경험, 몽정

몽정이란 잠을 자고 있는 동안 성기가 발기해서 정액을 몸 밖으로 배출해 내는 현상으로, 사춘기가 지난 남자 아이들이라면 누구나 경험하곤 하는 일상적인 일입니다.

몽정을 했다고 해서 잠을 잘 때 반드시 성과 관련된 꿈을 꾸었다고 할 수는 없어요. 위에서 설명한 것처럼 야간 발기에 의해 사정을 하게 되는 경우가 더 많으니까요.

아침에 일어나자마자 몽정 때문에 속옷이 젖어 있는 사실을 발견하고는 전전긍긍했던 경험도 있을 것입니다. 혹시라도 가족들이 눈치 채면 부끄러우니까요. 하지만 몽정은 창피해야 할 일이 아닙니다. 오히려 몽정을 하지 않는 것이 비정상이니까요.

그럼에도 불구하고 신경이 쓰인다면 조용히 욕실로 들어가 젖어 있는 속옷을 미지근한 물로 한 번 헹군 뒤 세탁기에 넣으면 됩니다.

친밀감의 표현, 스킨십

사람은 누구나 부모, 형제, 친구 등 가까운 이들의 손을 잡기도 하고, 쓰다듬기도 하며 포옹을 하는 등 성적인 의미와는 전혀 상관이 없는 신체적 접촉을 자주 합니다.

성적으로 민감한 신체 부위를 성감대라고 합니다. 성기, 입술, 유방 등이 주요 성감대이지요. 성감대는 개인에 따라 차이가 있어서 귓불이나 엉덩이, 또는 허리나 목 언저리를 민감하게 받아들이는 사람도 있습니다.

성적인 접촉, 즉 애무란 평소에는 건드리지 않는 상대방의 신체 부위를 손이나 입술로 건드리는 행위를 밀합니다. 그러니까 입술만 살짝 마주치는 뽀뽀가 아닌, 서로의 혀를 주고받는 딥 키스나 유방이나 성기를 만지는 것이 애무입니다.

애무를 하면 강렬한 쾌감과 함께 성교를 하고 싶은 욕구로 이어집니다. 그렇다고 해서 애무 이후 반드시 성교를 하는 것은 아닙니다.

스스로 얻는 성적 쾌감, 자위

자위는 자신의 성기를 스스로 자극해서 성적인 쾌감을 얻는 행위를 일컫는 말입니다. 일반적으로 남성의 자위는 손으로 음경을 앞뒤로 마찰시킵니다. 여성의 경우는 음핵을 손가락으로 쓰다듬는 방법으로 자위를 하지요.

자위는 오르가슴이라고 하는 성적으로 흥분이 절정에 이르는 상태를 얻기 위해서 하는데, 오르가슴과 함께 생식 기관의 근육이 경련을 하기 시작하면 심장 박동이 빨라지면서 커다란 쾌감을 느끼게 됩니다. 남성은 그 과정을 통해서 정액을 분출하지요.

옛날 사람들은 자위를 하면 영양 결핍에 이르게 된다, 키가 자라지 않는다는 등 몸에 좋지 않은 영향을 미치는 것으로 알고 있었습니다. 하지만 자위가 건강에 해를 입히지는 않는답니다. 너무 지나치게 자위행위에 골두하지 않는다는 전제조건이 따르겠지요.

남녀의 육체적 결합, 성교

성교는 남성과 여성이 나누는 육체적인 결합을 말합니다. 보다 더 정확하게 말하자면 성교란 남성의 음경이 여성의 질 안으로 들어가는 순간부터 시작되어 빠져나오는 순산까지를 일컫습니다. 하지만 대부분의 성교는 전희를 앞세웁니다. 그러니까 애무와 키스 등을 통해 성적인 흥분 상태를 서서히 높인 다음 성교를 하게 됩니다.

남성의 음경이 여성의 질 속으로 들어가면 서로 몸을 움직여 음경이 질에서 피스톤과 같은 운동을 반복하는데, 이런 과정을 통해 쾌감이 서서히 높아집니다. 이 과정은 주변 환경이나 서로의 호흡에 따라 짧거나 길어질 수 있습니다.

남성의 음경과 여성의 음핵에 가해지는 자극으로 오르가슴이 일어납니다. 하지만 오르가슴에 도달하는 시간이 반드시 같지는 않습니다. 그리고 여성의 경우 성교를 할 때마다 오르가슴을 느끼는 것은 아니며, 남성이 오르가슴에 도달하면 음경에서 정액이 나와 임신으로 이어지게 할 수 있습니다.

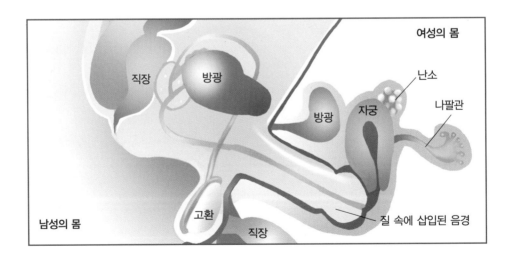

성교와 몸의 변화

성교를 하게 되면 온몸이 흥분 상태로 들어가면서 다양한 변화를 일으키기 시작합니다. 몸 전체의 근육이 단단해지고 심장 박동이 빨라지며, 혈압이 상승해 얼굴이 상기됩니다.

여성의 경우 질 안에서 윤활액이 분비되어 음경이 보다 더 쉽게 움직일 수 있게 합니다. 평소에 비해 유방이 커지면서 젖꼭지가 도드라져 오르기도 하지요.

남성은 음경이 딱딱하게 부풀어오르면서 곧추 서 여성의 질에 삽입할 수 있는 상태가 됩니다. 고환 역시 평소에 비해 커지는 한편, 흥분으로 인해 체온이 상승함에도 불구하고 몸 쪽으로 달라붙습니다.

정액의 분출, 사정

남성은 오르가슴을 느끼는 순간 사정을 합니다. 사정할 때 음경에서 나오는 정액의 양은 개인에 따라, 또는 당시의 몸 상태에 따라 차이가 있지만 보통 2~5ml 정도입니다. 그 속에 수억 개에 달하는 정자가 들어 있지요.

남성이 사정을 할 때는 근육이 수축하면서 고환에 있는 정자를 밀어 냅니다. 그러면 정자는 정낭과 전립선에서 만들어진 분비물과 함께 섞여 정관과 요도를 거쳐 음경 끝까지 나오게 됩니다.

이때 방광 주변에 있는 근육은 수도관의 냉온수 조절 밸브와 같은 역할을 하는데, 그러한 작용 때문에 사정과 함께 정액이 나올 때는 소변이 밖으로 나오지 않는 것입니다.

성관계와 감정

남녀 사이에 이루어지는 성관계는 단순한 육체적인 결합만의 문제가 아닙니다. 그와 함께 매우 강한 감정의 변화가 뒤따르기 때문입니다. 어떤 상황에서 성관계를 맺게 되느냐에 따라, 그 뒤에 나타나는 감정은 크게 달라집니다.

몸과 마음이 충분히 준비된 상황에서 사랑하는 사람과 성관계를 갖게 되었다면 행복감을 느끼게 되겠지요. 하지만 자신이 원하지 않은 상황에서 억지로 맺어진 성관계라면 평생 동안 두 번 다시 떠올리고 싶지 않은 깊은 상처로 남을 수도 있음을 명심해야 합니다.

싫다고 말할 수 있는 권리

절대로 벌어져서는 안 될 일이지만, 성관계를 갖자고 집요하게 설득하거나 경우에 따라서는 힘을 앞세워 강요하려 드는 사람과 맞닥뜨릴 수 있습니다. 하지만 그 어떤 사람에게도 성관계를 강요할 권리는 없답니다. 그런 행위 자체가 곧 법을 어기는 행위인 것입니다.

따라서 나는 아무런 생각도 없는데 내 몸을 쓰다듬는다거나 성과 관련된 행위를 하려들면 상대가 누구든 상관하지 말고 과감하게 '싫다!' 고 말해야 합니다. 그래도 멈추지 않으면 우선 그 자리를 벗어난 뒤 가장 믿고 의지할 수 있는 어른에게 알려야 합니다.

이 세상 모든 사람에게는 내가 원하지 않는 성행위를 당당하게 거부할 권리가 있답니다.

동성에게 느끼는 성적 매력, 동성애

동성애란 이성이 아닌 동성에게 성적인 호감을 갖게 되는 성향을 말합니다. 이런 사람들을 통틀어 동성애자라고 하는데 남성은 게이, 여성의 경우 레즈비언이라고 부르지요.

무엇 때문에 동성에게 끌리는 감정이 생겨나는지에 대한 원인은 아직껏 밝혀지지 않았는데, 이와 같은 동성애의 성향은 사춘기 무렵에 특히 많이 나타납니다. 그런데 그런 감정이 평생 동안 유지되는 것이 아니라 중간에 바뀌어 평범한 이성애자가 되는 경우가 대부분입니다.

5 원하지 않은 임신과 피임

여성이 배란기일 때 성관계를 갖게 되면 정자와 난자가 만나 수정을 합니다. 다시 말하자면 아기가 생기게 되는 것입니다.

피임, 그러니까 임신을 피하기 위한 마땅한 방법이 없었던 옛날에는 집집마다 많은 아이들이 태어났습니다. 하지만 다양한 피임 방법이 개발된 근래에 이르러서는 자신이 원하지 않는 시기에는 임신을 하지 않을 수 있게 되었습니다.

새로운 생명의 잉태, 임신

성교를 하는 과정에서 남성이 여성의 질 속에 사정을 하는 순간, 수억 개에 달하는 정자가 자궁 경부 주변에 방출됩니다. 그와 동시에 헤아릴 수 없이 많은 정자들은 저마다 있는 힘을 다해 헤엄쳐 자궁을 지나 나팔관 안으로 들어갑니다.

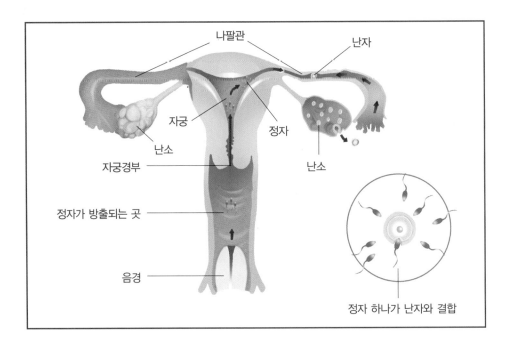

하지만 그 많은 정자 중에서 난자와 만나 결합하는 것은 오직 하나입니다. 씩씩하고 튼튼해서 가장 먼저 도착한 정자가 난자와 결합하게 되는 것입니다. 이처럼 난자와 정자가 만나는 순간을 수정이라고 하는데, 이는 곧 임신의 시작점이기도 합니다.

피임에 대하여

피임이란 임신을 피하는 것을 일컫는 말입니다. 아직 아기를 낳아 기를 수 있는 상황이 되지 않은 남녀가 성교를 할 때 피임을 하지요. 피임을 하는 방법에는 여러 가지가 있습니다. 남성이 할 수도 있고, 여성이 할 수도 있습니다. 여러 피임 방법 중에서 남녀 한쪽만 하면 임신이 되지 않지요.

호르몬을 조절하는 피임약

여성이 사용하는 피임약 중에는 먹는 피임약과 바르는 피임약이 있습니다. 이들 피임약에는 에스트로겐과 프로게스토겐이 함유되어 있는데, 이러한 성분은 여성의 뇌하수체에서 나오는 난포자극호르몬과 황체형성호르몬의 분비를 감소시켜 난자가 성숙하지 못하게 하거나 배란이 일어나지 않도록 합니다.

이 피임약은 의사의 처방을 받아야 구입할 수 있는데, 사용자는 정기적인 건강진단을 받아 피임약의 부작용이 없는지 확인해야 합니다. 사람에 따라 유방과 머리의 통증을 유발할 수 있으며, 체중 변화나 혈전이 나타날 수도 있기 때문입니다.

비교적 안전한 피임 기구, 콘돔

콘돔은 남성용과 여성용이 있습니다.

남성용 콘돔은 성교를 하기 전에 남성의 발기한 음경에 씌우는 얇은 비닐 주머니로, 사정을 하면 정액이 주머니 끝에 고여 여성의 몸으로 들어가지 않게 됩니다.

자루 같은 모양의 여성용 콘돔은 질 안에 삽입해 성교를 할 때 정액이 자궁 안으로 들어가지 못

남성용 콘돔   여성용 콘돔

하게 하는 기구입니다. 이 콘돔은 입구가 질 밖으로 나와 있어야 하는데, 자칫 남성의 음경이 콘돔이 아닌 질과 콘돔 사이로 들어가 버릴 수도 있기 때문입니다.

콘돔은 어디서나 쉽게 구할 수 있는데, 여러 가지 성병을 예방하는 데 가장 적합한 피임기구입니다.

자궁 경부에 넣는 피임기구, 다이아프램

매우 부드러운 고무나 실리콘으로 만든 다이아프램은 자궁 경부에 넣는 피임기구입니다. 다이아프램을 넣을 때 살정제를 발라서 사용하면 되는데, 살정제란 정자를 죽이는 화학 약품이랍니다. 그러니까 살정제로 인해 정자가 제 역할을 할 수 없게 되는 것입니다.

다이아프램은 성교를 하기 전에 스스로 몸에 넣으면 되는데, 성교가 끝난 뒤에도 몇 시간 동안은 그대로 두어야 합니다. 아직 활동을 멈추지 않은 정자가 남아 있을 수 있기 때문입니다.

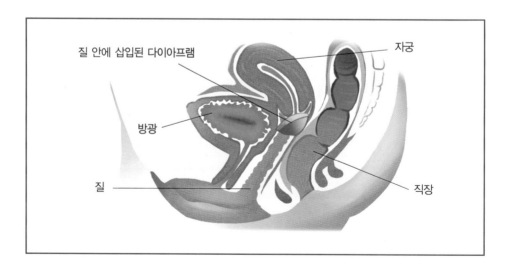

자궁 내 장치 및 시스템

자궁 내 장치와 자궁 내 시스템은 매우 비슷한 피임 방식입니다. 둘 다 여성의 자궁에 넣어서 사용하며, 정자와 난자가 만날 수 없도록 하는 장치입니다. 다만 자궁 내 시스템은 거의 비슷한 장치에 프로게스토겐이 함유되어 있다는 점에서 차이가 있을 뿐이지요.

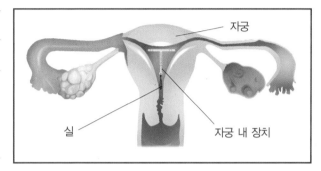

자궁 내 장치나 시스템을 이용하려면 병원에 가서 의사의 도움을 받아야 한다는 불편함이 있습니다. 하지만 일단 삽입을 하고 나면 전혀 의식하지 못한 채 몇 년 동안 사용할 수 있다는 장점도 있지요.

자연 피임법

자연 피임법이란 특별한 피임기구나 약물을 사용하지 않고 피임을 하는 방법입니다. 하지만 이 방법을 이용하려면 난자의 배란일을 정확하게 알아야 할 필요가 있답니다.

난자는 배란이 된 이후 약 하루 동안 생존해 있습니다. 반면에 정자는 여성의 몸속으로 들어간 뒤에도 약 일주일 동안 살아 있습니다. 따라서 배란 이전 일주일과 배란 이후 하루 동안 성관계를 갖지 않으면 임신이 되지 않지요.

그런데 문제는 정확한 배란일을 알아내기가 쉽지 않다는 데 있어요. 배란일을 알기 위해서는 지난번 생리일과 생리 주기 중에 나타나는 체온의 변화, 그리고 자궁 경부에서 나오는 점액의 변화 등을 모두 꼼꼼하게 관찰해야 합니다. 따라서 의사의 도움이 절대적으로 필요하답니다.

임플란트와 피임 주사제

이 두 가지 방법은 비교적 장기적인 피임 수단 중 하나입니다. 둘 다 프로게스토겐을 이용한 피임인데, 임플란트 피임은 여성의 팔 부위에 삽입해 놓은 임플란트에서 조금씩 프로게스토겐이 나오도록 하는 방법입니다.

주사제를 이용한 피임 역시 몸속에 주사해 놓은 프로게스토겐이 천천히 방출되어 배란을 막아 줍니다. 그런데 이 방법은 여성의 생리에 변화를 일으키는 등 부작용이 있으므로 각별한 주의를 할 필요가 있습니다.

임신과 피임에 대한 오해, 그리고 진실

- 남성이 사정하기 전에 질에서 음경을 빼면 임신이 되지 않는다.
- 정자는 사정을 하기 전에도 조금씩 흘러나옵니다. 따라서 이 말은 사실이 아닙니다. 나아가 음경을 뺀 뒤 사정을 했다고 하더라도 그 위치가 질 부근이라면 정자가 질 안으로 흘러들어갈 수도 있습니다.
- 여성이 남성 위로 올라간 자세로 성관계를 갖거나 두 사람 모두 서서 성관계를 하면 임신이 되지 않는다.
- 중력의 작용 때문에 자궁까지 도착하는 정자 수가 줄어들 수는 있겠지만, 그런 이유로 임신이 되지 않을 가능성은 전혀 없다고 하는 것이 옳습니다.
- 성관계 직후 여성이 소변을 보면 임신이 되지 않는다.

- 질과 요도는 완벽하게 분리되어 있습니다. 따라서 소변 때문에 정자가 씻겨 내려갈 가능성은 전혀 없습니다.

● 여성이 처음으로 성관계를 갖거나 생리를 처음으로 시작한 직후라면 임신이 되지 않는다.

- 처음으로 성관계를 가졌든, 생리를 처음으로 했든 상관없이 여성이라면 누구나 임신 가능성이 있습니다.

● 여성이 오르가슴을 느끼지 않으면 임신이 되지 않는다.

- 정자는 여성의 오르가슴과 상관 없이 스스로의 힘으로 자궁으로 들어갑니다. 따라서 오르가슴과 임신은 아무런 상관이 없습니다.

응급 피임

예상하지 못했던 성관계로 인해 피임을 할 수 없었을 경우, 72시간 이내에 약국에서 사후 피임약을 구입해 복용하면 임신이 되지 않습니다. 피임약 성분이 배란을 막아 주거나, 수정된 난자가 자궁에 착상하는 것을 막아 피임을 할 수 있는 것입니다.

6 성 매개 감염증

성 매개 감염증이란 성병, 또는 비뇨생식기 질환이라고도 하는데, 박테리아와 같은 세균이 생식기관에 일으키는 질병을 말합니다. 이 감염증은 대개 성적인 접속을 통해 전염됩니다.

성 매개 감염증의 증상

성교를 통해 감염되는 질병의 초반 증상은 대부분 비슷합니다. 생식기 주변과 항문 근처에 가려움을 느끼다가 종기나 수포, 또는 고름 등이 잡힙니다. 그리고 용변을 볼 때 통증이 느껴지기도 하지요.

그런데 이러한 증상은 성교를 하고 나서 바로 나타나기도 하고, 상당한 기간 몸속에 잠복해 있다가 나타나는 경우도 있습니다. 그래서 자신이 감염된 사실을 모른 채 다른 상대에게 전염시키는 경우도 있습니다.

성 매개 감염증의 전염 경로

성 매개 감염증, 즉 성병의 전염 경로는 무척 다양합니다. 대부분 성교를 통해서 전염되지만, 성교를 하지 않고 생식기 피부 접촉만으로도 전염되는 질병이 있습니다. 나아가 감염자의 혈액을 통해 전염이 되기도 하고, 한방에서 쓰는 침이나 주사기 때문에 감염되는 경우도 있답니다. 또한 입술에 생기는 발진의 경우에는 키스만으로 전염되기도 합니다.

감염의 주범, 박테리아와 바이러스

박테리아로 인해 발생한 성병은 무엇보다 조기 치료가 중요합니다. 대부분의 경우 조기에 발견해 치료하면 완치가 되기 때문이지요. 하지만 치료하지 않고 오랜 시간 방치하면 심각한 상태에 이를 수 있습니다. 바이러스에 의한 감염증인 인체면역결핍바이러스(HIV : Human Immunodeficiency Virus)는 아직까지 완치 방법을 찾아내지 못한 무서운 질병입니다. 꾸준한 치료로 증상의 악화를 늦추는 정도에 머무르고 있답니다.

클라미디아

클라미디아는 비교적 흔하면서도 심각한 질병입니다. 이 감염증은 눈에 띄는 증상이 나타나지 않을 수도 있는데, 겉으로 드러나 보이지는 않지만 여성의 몸속에 잠복해 있으면서 나팔관을 손상시키거나 임신을 할 수 없는 불임 상태로 만들어 버리기도 합니다. 클라미디아 감염증은 박테리아에 의한 전염이기 때문에 항생제로 치료가 가능합니다.

성 매개 감염증의 예방

성 매개 감염증의 예방은 감염증에 걸린 사람과 접촉하지 않으면 됩니다. 하지만 상대방의 감염 여부를 확인하기란 쉽지 않은 일이지요. 그럴 경우 콘돔을 사용하면 전염을 방지하는 데 상당한 도움이 됩니다.

성관계를 갖지 않았다 할지라도 면도기나 칫솔을 통해 감염되는 경우도 있으므로 주의해야 합니다. 나아가 정기적으로 건강검진을 받는 것은 당연한 일이겠지요.

공포의 HIV(인체면역결핍바이러스 Human Immunodeficiency Virus)

사람의 혈액 속에 있는 백혈구는 몸에 해를 끼치는 바이러스를 공격해 죽일 수 있는 항체를 생산해 냅니다. 그런데 유감스럽게도 백혈구는 HIV를 이기지 못합니다. 오히려 HIV가 백혈구를 파괴하지요. 그래서 HIV에 감염되면 몸에 나쁜 세균들을 죽일 수가 없게 됩니다.

HIV가 무서운 이유는 바로 그 때문입니다. 갖가지 질병을 이겨낼 수 있는 면역력이 떨어져 결국에는 죽음에 이를 수밖에 없는 것이지요. 그러한 상태에 있는 사람이 '말기 HIV 감염증', 다시 말해 에이즈(AIDS 후천성 면역 결핍증) 환자입니다.

HIV의 전염 경로와 의학적 연구

HIV에 감염되는 경로는 크게 두 가지가 있습니다. HIV는 혈액과 정액, 그리고 질 분비물에서 삽니다. 따라서 HIV에 감염된 사람과 성관계를 맺으면 감염될 수밖에 없습니다. 또 하나의 경로는 주사기를 통한 감염입니다. 따라서 병원은 물론, 주사기로 약물을 투여 받는 환자의 경우 각별한 주의를 기울여야 합니다.

한편, HIV를 치료하는 방법을 찾아내지는 못했지만, 그에 대한 연구는 상당히 진척되어 있습니다. 혈액검사를 통해 항HIV 항체가 있는지의 여부를 알 수 있지요. 나아가 HIV의 활동을 약화시키는 약이 있기는 하지만 성분이 강해 부작용이 많답니다.

HIV의 예방

무서운 질병인 HIV에 감염되지 않기 위해서는 함부로 성관계를 맺지 않는 것이 가장 중요합니다. 또한 만약의 사태에 대비해 콘돔을 사용하면 위험성을 크게 줄일 수 있지요. 나아가 주사기나 침 등 의료 관련 기구라 할지라도 몸속으로 들어오는 모든 것은 소독을 해야 합니다. 문신이나 피어싱 도구도 마찬가지랍니다.

제3장

올바른 어른이 되기 위한 준비

1 건강과 성장, 그리고 음식

사춘기는 정신적 신체적으로 변화가 많은 시기입니다. 따라서 그 어느 연령대보다 다양한 영양소를 골고루 섭취해야 합니다. 맛이 있다는 이유로 한두 가지 음식만 고집하면 영양불균형이 생겨 건강을 잃을 수 있을 뿐만 아니라, 바람직한 성장에도 치명적인 영향을 끼치게 됩니다.

단백질

사람의 몸은 10% 이상이 단백질로 이루어져 있어요. 단백질은 신체의 성장이나 재생할 수 있는 능력을 키워 줍니다. 그래서 그 어느 때보다 성장과 발달이 많은 사춘기에는 단백질을 충분히 섭취해야 하는 것입니다. 단백질을 많이 함유한 음식으로는 살코기, 생선, 치즈, 달걀, 우유, 견과류 등이 있습니다.

탄수화물

탄수화물은 에너지의 대부분을 공급해 주는 영양소입니다. 탄수화물은 전분과 당분 등 두 가지 형태가 있는데, 전

분 음식이 더 좋답니다. 그러니까 비스킷, 초콜릿, 아이스크림은 물론 당분이 들어 있는 청량음료를 먹는 것보다 쌀, 감자, 밀가루 등 전분 음식을 먹어야 합니다.

지방

포화지방과 불포화지방으로 나뉘는 지방도 일정 부분 에너지원 역할을 합니다. 포화지방은 육류, 버터, 크림, 동물성 마가린 등 동물성 식품에 들어 있어요.

불포화지방은 식물성 기름, 식물성 마가린, 잼, 견과류 등 식물성 식품에 들어 있지요. 그런데 포화지방을 지나치게 많이 섭취하면 심장 질환에 걸릴 위험이 높아지므로 주의해야 합니다.

섬유질

섬유질은 탄수화물의 일종이지만 소화가 되지는 않습니다. 하지만 반드시 섭취해야 하는 음식이지요.

섬유질은 소화 기관을 따라 움직이면서 장기에 있는 근육들이 효과적으로 일하도록 도와 변비를 예방해 줍니다.

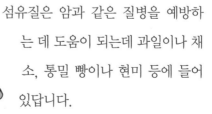

섬유질은 암과 같은 질병을 예방하는 데 도움이 되는데 과일이나 채소, 통밀 빵이나 현미 등에 들어 있답니다.

비타민과 무기물

사람의 몸 안에서 반드시 일어나야 하는 화학작용이 제대로 이루어지기 위해서는 40여 종에 달하는 비타민과 무기질이 필요합니다. 이러한 비타민과 무기질을 섭취하려면 신선한 식품을 다양하게 먹어야 합니다.

뼈를 튼튼하게 해 주는 칼슘은 우유나 치즈와 같은 식품에 많이 들어 있어요. 건강한 혈액에 필수적인 무기물인 철분은 육류, 생선, 달걀 등을 먹으면 섭취할 수 있지요. 나아가 필요 이상 섭취하면 여러 가지 질환의 원인이 되는 염분 역시 필수적인 무기물이랍니다.

채식

근래에 이르러 채식에 대한 관심이 급격히 높아지고 있습니다. 하지만 육류나 생선을 배제한 식사만으로 건강한 생활을 하기 위해서는 매우 꼼꼼하게 식단을 짜야 합니다. 특히 아직 자라고 있는 어린이나 청소년이 있는 가정의 경우는 더욱 그렇지요. 자칫 잘못하면 영양의 불균형으로 인해 균형 잡힌 성장을 할 수 없기 때문입니다.

가공 식품

가공 식품이란 자연 상태 그대로의 식품이 아닌, 산업적인 공정을 거친 식품을 일컫는 말입니다. 이를테면 햄버거나 피자, 비스킷이나 케이크 등은 모두 가공 식품입니다.

가공 식품은 일반 식품에 비해 영양소가 손상된 경우가 많습니다. 나아가 몸에 좋지 않은 소량의 첨가제가 들어가기도 하지요. 따라서 모든 음식은 자연 상태 그대로, 신선하게 먹는 것이 좋습니다.

정크 푸드

음식이기는 하지만 영양분이 거의 없거나 전혀 없는 음식을 정크 푸드라고 합니다. 예를 들면 청량음료나 사탕, 또는 비스킷이나 칩 등 짠맛이 나는 과자들이 대표적인 정크 푸드입니다.

과자를 사서 먹더라도 봉지에 인쇄된 성분표를 따져 볼 필요가 있어요. 그래서 당분과 포화지방, 그리고 나트륨이 많이 들어간 음식은 가급적 피하는 것이 좋습니다.

아침 식사

사람의 몸은 잠을 자고 있는 동안에도 활동을 합니다. 따라서 일정량의 에너지를 소모하게 되지요. 아침 식사는 지난밤에 자면서 소모한 에너지를 보충하는 주요 수단입니다. 그런 까닭인지 아침 식사를 하지 않는 사람보다 아침을 챙겨 먹는 사람이 더 효율적인 오전 시간을 보내는 것으로 알려져 있습니다.

칼로리

어떤 음식을 먹고 나서 얻을 수 있는 에너지의 양을 칼로리라고 합니다. 모든 음식에 들어 있는 영양분이 다른 것처럼, 그 속에 담긴 칼로리의 양 또한 다르답니다.

| 약 170 칼로리 | 약 1,000 칼로리 | 약 4,000 칼로리 |

사춘기에 접어든 청소년들은 성장과 운동이 함께 이루어지기 때문에 어른과 비슷한 칼로리가 필요합니다. 사춘기 남자 아이에게 필요한 에너지는 하루에 약 12,000칼로리 정도입니다. 상대적으로 몸집이 작은 사춘기 여자 아이의 경우는 약 9,000칼로리 정도랍니다.

몸무게

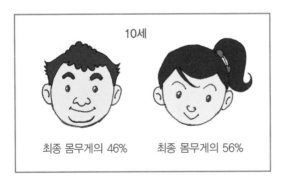

10세

최종 몸무게의 46%   최종 몸무게의 56%

어린아이가 자라 사춘기가 되면 키가 많이 자랍니다. 근육과 지방이 증가하면서 몸무게도 불어나지요.

여자 아이의 경우 남자 아이에 비해 지방이 더 많이 늘어나는데, 이 지방은 임신을 했을 때 사용할 수 있는 예비 에너지 역할을 합니다.

과체중

음식을 섭취한 뒤 에너지로 사용되지 않는 칼로리는 몸속에 지방의 형태로 저장됩니다. 따라서 음식을 먹은 뒤 적당량의 운동을 하지 않으면 살이 찌게 됩니다. 여분의 칼로리가 지방이 되기 때문이지요.

몸이 뚱뚱한 사람은 평균 체중을 유지하고 있는 사람에 비해 성인병을 비롯한 특정 질병에 걸릴 가능성이 높으며 수명도 짧은 경향이 있습니다. 따라서 자신의 몸무게가 정상치를 유지하고 있는지 관심을 가져야 합니다.

살을 빼는 가장 좋은 방법은 기름에 튀긴 음식이나 탄산음료, 또는 아이스크림이나 비스킷 등 지방과 당분이 많은 음식 대신 섬유질이 많은 음식을 섭취하는 것입니다. 그리고 꾸준한 운동을 함께하면 더욱 바람직합니다.

섭식 장애

섭식 장애란 음식을 섭취하는 것과 관련된 비정상적인 행동과 생각을 일컬으며, 크게 신경성 거식증, 신경성 대식증, 습관적 폭식증 등 세 종류가 있습니다.

신경성 거식증은 실제로 살이 찌지 않았음에도 불구하고 스스로를 뚱뚱하다고 여겨 음식 섭취를 거의 하지 않는 증세입니다. 살을 빼기 위해 너무 적은 양을 먹기 때문에 건강에 치명적인 악영향을 끼치곤 합니다.

신경성 대식증 증세가 있는 사람 역시 살찌는 것을 두려워합니다. 하지만 이들은 한꺼번에 많은 양의 음식을 먹은 뒤 일부러 토해 내거나 설사약을 먹어 살이 찌지 않도록 합니다. 경우에 따라서는 한 차례 폭식을 한 다음 며칠 동안 굶는 경우도 있지요.

습관적 폭식증은 짧은 시간 내에 지나치게 많은 음식을 먹는 습관으로, 어지간한 노력으로는 고치기가 쉽지 않다고 해요. 이러한 증세를 갖고 있는 사람은 대부분 극도의 과체중으로 발전할 가능성이 높습니다.

섭시 장애는 자칫 목숨을 잃을 수도 있는 심각한 질병입니다. 혹시 스스로 섭식 장애 증상이 조금이라도 있다는 생각이 들면 곧바로 의사나 상담 전문가를 찾아 치료를 받아야 합니다.

2 튼튼한 육체와 건강한 정신, 그리고 운동

사춘기에 접어든 청소년들에게 운동은 음식을 섭취하는 것만큼 중요합니다. 운동이 신체를 균형 있게 성장할 수 있도록 돕기 때문이지요. 꾸준한 운동으로 튼튼한 몸을 만드는 것은 자신을 위한 임무이기도 합니다.

운동의 효과

운동을 해야 하는 이유는 헤아릴 수 없이 많습니다. 그 중에서 중요한 몇 가지 사항을 정리해 보았습니다.

● 운동을 하면 근육이 발달하면서 힘이 길러집니다. 운동을 하지 않으면 근육은 서서히 약해집니다.

- 운동을 하면 관절이 유연해지므로 움직임의 반경이 커지는 한편, 쑤시거나 결리는 현상이 없어집니다.

- 운동을 하면 심장이 튼튼해져 혈액 공급이 원활해집니다. 운동을 꾸준히 한 사람과 하지 않은 사람이 함께 100m 달리기를 한 후 나타나는 증상을 보면 운동의 중요성을 깨달을 수 있습니다.

- 운동을 하면 더 많은 산소를 마시게 됩니다. 몸 안에 충분한 산소를 공급해 주면 같은 양의 음식을 먹어도 더 많은 에너지를 생산해 냅니다.

- 운동을 하면 혈액순환이 원활해집니다. 원활한 혈액순환은 건강을 유지하는 첫 번째 요소입니다.

- 운동을 하면 뇌와 신경계가 빠르게 반응해 위급한 상황에 재빨리 대처할 수 있는 능력이 생깁니다.

- 운동을 하면 섭취한 칼로리를 최대한 소모할 수 있기 때문에 날씬한 몸매를 유지할 수 있습니다.

- 운동을 해 땀을 흘리고 나면 스트레스가 해소되어 정신건강에 대단히 좋은 영향을 미칩니다.

적당한 운동과 운동량

건강한 신체를 유지하기 위해 평소에 할 수 있는 운동은 빠르게 걷기, 달리기, 자전거 타기, 수영, 에어로빅 등이 있습니다. 이런 운동을 하루에

최소 30분 이상 하는 것이 바람직합니다. 지나치게 많은 양의 운동을 하거나, 몸 상태가 좋지 않을 때 무리한 운동을 하면 오히려 건강을 해칠 수도 있으니 주의할 필요가 있습니다.

운동만큼 중요한 수면

육체를 쉬게 하는 가장 좋은 휴식은 잠입니다. 사춘기가 되면 다른 나이에 비해 잠이 많아집니다. 신체의 성장이 활발하게 이루어지면서 많은 에너지를 소모하기 때문이지요.

평균치로 살펴본 적당한 하루 수면시 간은 10~14세는 10시간 내외, 14~18세는 9시간 정도라고 합니다. 하지만 각 개인 의 적당한 수면시간은 제각각입니다. 각자의 체력이나 건강 상태에 따라 달라지기 때문이지요.

자신에게 알맞은 수면시간은 잠을 자고 일어난 뒤 얼마나 개운한 느낌을 갖게 되느냐에 달려 있습니 다. 수면 시간이 부족하거 나 지나치게 많으면 일어 난 뒤에 개운하지 않고 찌 뿌듯하게 됩니다.

올바른 자세

모든 사물과 마찬가지로 사람도 중력의 영향을 받습니다. 올바른 자세란 중력으로 인해 신체에 가해지는 압박을 가장 적게 받는 자세를 말합니다. 다시 말해 피곤함을 덜 느끼는 자세가 곧 올바른 자세입니다.

올바른 자세를 습관화하기는 쉽지 않습니다. 중력 때문에 몸의 각 부위가 자꾸만 처지기 때문입니다. 하지만 의식적으로 자세를 바로잡아 좋은 자세를 몸에 익히게 되면 건강을 유지하는 데 크나큰 도움이 됩니다.

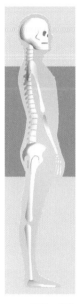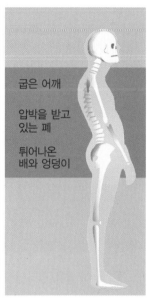

굽은 어깨

압박을 받고 있는 폐

튀어나온 배와 엉덩이

좋은 자세 　　　 나쁜 자세

발과 신발

사람의 발은 20세가 넘어서야 완전한 모양이 형성됩니다. 그러므로 사춘기가 지날 동안에는 재질이 부드럽고 여유가 있는 신발을 신는 것이 좋습니다.

신발이 너무 작으면 발의 성장을 방해할 뿐만 아니라, 발가락 사이의 틈새가 없어져 질병을 유발할 수도 있습니다.

또한 신발이 너무 딱딱하면 발 근육이 제대로 자라지 못하며, 오랫동안 하이힐을 신고 있으면 체중의 자연스러운 분산을 방해해 발의 모양을 변형시키기도 합니다.

3 건강에 치명적인 담배와 술

오랜 세월에 걸쳐 담배와 술은 인간의 건강을 해치는 데 결정적인 역할을 해왔습니다. 그럼에도 불구하고 지금까지 사라지지 않고 있는 것은 담배와 술 속에 포함되어 있는 강한 중독성 때문이기도 합니다.

백해무익한 담배

불과 얼마 전까지만 해도 흡연자는 어디에서든 당당하게 담배를 피울 수 있었습니다. 그런데 지금은 상황이 많이 달라졌지요. 흡연 구역으로 지정해 놓은 곳이 아닌 지역에서는 담배를 피울 수가 없게 된 것입니다.

이처럼 아무 곳에서나 담배를 피울 수 없게 한 것은 비흡연자를 보호하기 위함입니다. 담배를 직접 피우지 않은 사람도 간접 흡연 때문에 질병에 걸릴 수 있기 때문이지요. 연기에 노출된 것만으로도 위험할 만큼 담배는 해로운 물질입니다.

담배를 피우던 사람이 금연을 했을 경우 10년이 지나야 담배를 피우기 이전 상태로 돌아갈 수 있습니다. 담배에 함유되어 있는 니코틴과 타르는 그만큼 지독한 화학물질인 것입니다.

담배에 들어 있는 니코틴

담배를 피우면 연기와 함께 몸속으로 들어오는 니코틴은 중독자의 뇌와 신경계에 들어가 쾌감을 주는 물질입니다. 하지만 흡연을 하지 않은 사람이 이 물질을 흡입하면 구역질과 현기증을 일으키는 물질이기도 합니다. 니코틴이 체내에 들어오면 심장박동이 빨라지고 혈관이 좁아져 심장 질환과 순환기 질환의 원인이 됩니다.

담배에 대한 진실

- 담배를 한 개비 피울 때마다 흡연자의 생명은 14분씩 줄어드는 것으로 알려져 있습니다.
- 지금 담배를 피우고 있는 10대의 청소년이 계속해서 담배를 피울 경우, 담배로 인한 질병 때문에 사망할 확률이 50%에 이릅니다.
- 암 환자 세 명 중 한 명의 발병 원인은 담배와 직접적인 관계가 있는 것으로 알려져 있습니다.
- 폐암 환자 10명 중 9명은 흡연자입니다.

담배에 들어 있는 타르

사람이 마시는 공기는 자연 상태 그대로 폐까지 들어가는 것이 아닙니다. 코 안쪽과 폐 상부 기도에 있는 점액이 공기 중에 포함되어 있는 먼지와 박테리아 등을 붙잡아 섬모의 작용을 통해 코와 식도로 밀어 냅니다. 그 결과 깨끗하게 걸러진 공기가 폐의 최하부에 도달하는 것입니다.

그런데 담배 연기에 함유된 타르는 기도를 자극해 좁아지게 하는 역할을 합니다. 좁아진 기도는 점액을 더 많이 분비하게 되고, 결국은 섬모의 작용이 약해져 먼

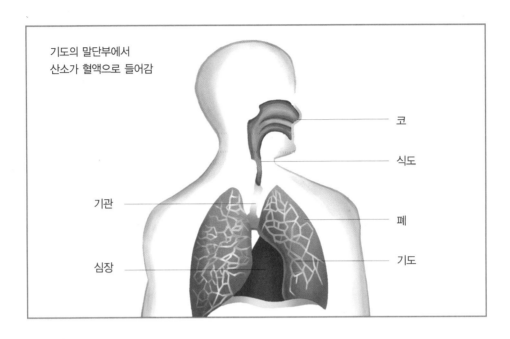

기도의 말단부에서
산소가 혈액으로 들어감

코

식도

기관

폐

심장

기도

지와 박테리아 등 이물질을 폐 밖으로 밀어 낼 수 없게 됩니다.

그렇기 때문에 담배를 피우는 사람은 자주 콜록거리는 기관지염 증세를 보이게 되고, 급기야는 폐가 병균에 감염되기도 합니다.

중추신경계를 억제하는 알코올

술이라고 부르는 알코올은 중추신경계를 억제하는 역할을 하기 때문에 적은 양을 마시면 기분이 느긋해지면서 자신감이 생깁니다. 하지만 많은 양의 알코올을 섭취할 경우 판단력이 흐려지면서 상황에 대한 반응 속도가 느려집니다.

술을 많이 마시면 어지럼증을 느껴 자꾸만 비틀거립니다. 뱃속이 메슥거리면서 구토를 하기도 합니다. 그런 상태에서 술을 계속 마시면 단기 기억 상실에 빠질 수도 있습니다. 취해 있는 동안 자신의 말과 행동을 전혀 기억하지 못하는 경우가 생기는 것입니다.

알코올은 또한 위와 간 등 장기를 손상시킬 수 있고, 뇌에 영향을 미쳐 학습과 기억력에 지장을 줄 수 있습니다. 아직 성장이 완료되지 않은 청소년기의 음주는 그래서 더욱 위험합니다.

알코올의 영향

오랫동안 과음을 하면 뚱뚱해지기 쉽습니다. 알코올이 칼로리가 높을 뿐만 아니라, 그와 함께 먹는 안주의 칼로리 또한 엄청나기 때문입니다. 나아가 지속적인 음주는 위궤양, 간경화 등을 초래해 건강을 해치게 됩니다.

정기적으로 과음을 하면 사람의 뇌는 맑은 정신을 유지하기 위해 진정제 역할을 하는 알코올과 싸움을 합니다. 그런 상황이 거듭되면 뇌는 취한 상태에 익숙해지게 됩니다. 따라서 알코올 성분이 빠져나가면 흥분과 불안감, 그리고 온몸이 떨려오지요. 알코올 중독 증상이 바로 그것입니다.

4 청결한 몸 가꾸기

사춘기가 되면 어렸을 때에 비해 몸을 더욱 깨끗하게 유지해야 합니다. 자주 씻지 않으면 좋지 않은 냄새가 나는 것은 물론, 심하면 건강을 해칠 수도 있는 물질이 분비되기 때문입니다.

피부의 생김새

그림은 피부 조직 단면도로, 피부 속이 어떻게 생겼는지 자세하게 보여 주고 있습니다.

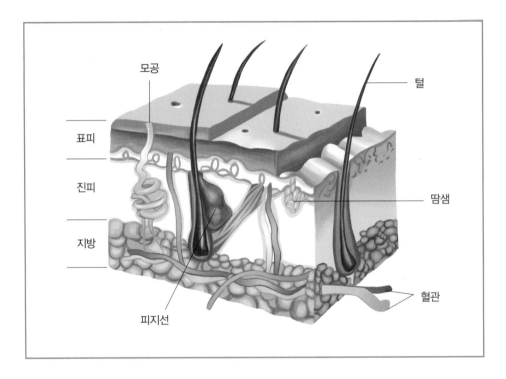

피부 표면 _ 피부 표면은 표피라고 합니다. 표피에서 가장 위에 있는 층은 죽은 세포로 되어 있는데, 그것들은 외부와 맞닿으면서 끊임없이 떨어져 나가 표피 아래층에 있는 피부가 올라옵니다.

피지선 _ 피지선에서는 피지라는 물질을 분비하는데, 피지는 털과 피부를 부드럽게 해 줍니다. 사춘기에는 피지가 많이 분비되기 때문에 피부에 발진이 생기는 경우가 있습니다.

땀샘 _ 덥지 않을 때에도 땀은 끊임없이 땀구멍을 통해 피부 밖으로 나옵니다. 땀은 몸 안에 있는 노폐물을 제거하고 체온을 일정하게 유지하도록 도와줍니다.

몸 씻기

먼지와 죽은 피부 세포, 그리고 피지와 땀 등을 없애기 위해서는 매일 몸을 씻어야 합니다. 땀샘은 겨드랑이와 생식기 주변에 가장 많이 분포되어 있기 때문에 더욱 자주 씻어 줄 필요가 있습니다.

겨드랑이와 땀

겨드랑이에는 땀샘이 몰려 있어 땀이 많이 나는 신체 부위입니다. 지나치게 많은 땀 때문에 냄새가 난다면 땀에 있는 박테리아의 성장을 억제해 냄새가 덜 나게 하는 탈취제나, 일부 땀구멍을 막아 땀을 덜 흘리게 해 주는 발한 억제제를 사용하면 효과가 있습니다.

치아 건강

사랑니를 제외한 나머지 치아는 사춘기 무렵이 되면 모두 영구치로 갈게 됩니다. 치아와 잇몸 건강, 그리고 입안의 청결을 유지하려면 최소한 하루에 두 번 아침저녁으로 이를 닦는 것이 좋습니다.

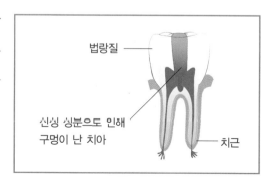

법랑질

산성 성분으로 인해
구멍이 난 치아

치근

이가 썩는 이유는 입 안에 남아 있는 당분을 먹고 자라는 박테리아 때문입니다. 박테리아는 증식을 해서 프라그를 만들어 냅니다. 산성 성분의 프라그가 이를 뚫고 들어가 구멍을 내게 되는데, 그때부터 치통과 함께 감염이 될 가능성이 높아집니다.

이 닦기

이 닦기는 자주 하는 것도 중요하지만 꼼꼼하게 하는 것이 더욱 중요합니다. 칫솔모가 이 사이까지 잘 닦아 낼 수 있도록 위아래 방향으로 닦는 것이 좋으며, 안팎을 골고루 닦아야 합니다.

전문가들은 이를 닦는 333법칙을 권장합니다. 333법칙이란 하루 세 번 식사를 마치고 나서 이를 닦는다. 식사 후 3분이 지나기 전에 이를 닦는다. 칫솔질은 이곳저곳을 꼼꼼하게 3분 이상 한다.

이와 같은 이 닦기를 실천한다면 치아 건강을 오랫동안 유지할 수 있답니다.

생식기 청결 유지

사람의 몸에서 나오는 정액, 질 분비물, 피지, 생리혈 등은 그 자체만으로는 깨끗한 물질입니다. 하지만 일단 몸 밖으로 나오면 박테리아가 번식할 수 있는 좋은 요건을 갖추고 있습니다.

몸 밖에서 왕성하게 번식한 박테리아는 질, 요도, 음경 등을 통해 신체 안으로 들어가 질병의 원인이 될 수 있습니다. 그래서 생식기 주변은 항상 청결을 유지해야 하는 것입니다.

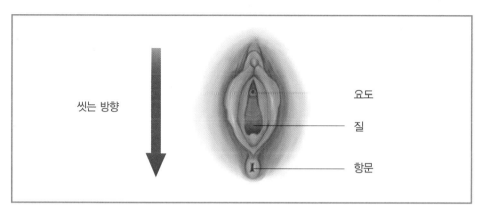

씻는 방향

요도

질

항문

한편, 항문 안쪽에는 많은 박테리아가 서식하고 있습니다. 여성의 경우 몸을 씻을 때 그 박테리아가 질이나 요도로 번지지 않도록 앞에서 뒤쪽 방향으로 씻는 것이 좋습니다. 남성의 경우 포경수술을 하지 않은 상태라면 귀두 부분을 감싸고 있는 포피를 젖힌 뒤 귀두를 드러내 씻어야 합니다. 또한 생식기에 탈취제나 향수를 뿌리면 염증이 생길 수 있으므로 사용하지 않는 것이 좋습니다.

생식기에서 나오는 분비물

여성의 질에서 분비물이 조금씩 나오는 것은 지극히 정상적인 현상입니다. 자궁경부와 질의 자정 작용과 윤활 작용을 위해 분비액이 흘러나오기 때문입니다.

이 분비물은 물처럼 투명하기도 하고 우윳빛을 내기도 하는 등 다양하며, 냄새는 거의 없습니다. 개인에 따라 초경을 시작하기 직전 몇 달 동안 질 분비액이 많아지는 경우도 있답니다.

평소에 비해 질 분비액이 많아지거나 냄새가 나고, 가려움증을 동반한 통증이 느껴지면 세균 감염을 의심해 볼 필요가 있습니다. 질 속에 있는 박테리아에 이상이 생겼을 경우 그런 현상이 일어나는데, 병원에서 처방해 주는 좌약이나 정제를 사용하면 금세 정상으로 돌아옵니다.

남성의 경우 음경에서 분비물이 나오면 무조건 병원에 가야 합니다. 이상 징후가 없는 한 남성의 생식기에서는 분비물이 나오지 않기 때문이지요.

귀찮은 여드름

여드름은 피지가 피부 표면 아래에 쌓여서 생긴 것입니다. 사춘기에 여드름이 많은 이유는 호르몬 분비량의 변화로 피지선에서 피지가 지나치게 많이 분비되기 때문입니다.

피지가 피지선 구멍에 쌓이면 까만색 여드름이 됩니다. 피지가 피부 표면 아래에 쌓이면 희거나 붉은 색 여드름이 되지요. 여드름이 많이 생기면 미지근한 물에 무균 비누로 세수를 자주 하는 것이 좋습니다. 화장품을 이용해 여드름을 가리려 하면 상태를 더욱 악화시킬 가능성이 높습니다.

여드름은 짜지 않는 것이 바람직합니다. 자칫하면 피부에 손상을 줄 뿐만 아니라 감염을 일으킬 수도 있기 때문입니다. 반드시 짜내야 할 필요가 있다면 손을 깨끗이 씻은 다음 시도하기를 권합니다.

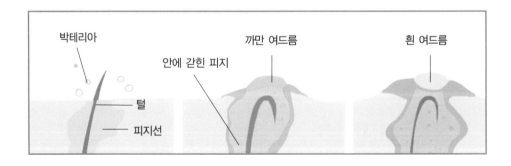

박테리아
안에 갇힌 피지
까만 여드름
흰 여드름
털
피지선

5 사춘기와 색다른 감정

사춘기가 되면 몸과 마음이 성숙해 감에 따라 독립하고자 하는 욕구가 커지면서 주변 사람들과의 관계에 변화가 생깁니다. 이러한 변화는 종종 스트레스가 되기도 하는데, 혼자만 경험하는 변화가 아니기 때문에 차분하게 대처할 필요가 있습니다.

나 자신의 정체성

스스로가 어떤 사람인지, 앞으로 어떤 일을 하게 될 것이며 어떤 사람이 되고 싶은지에 대해 깊이 생각해 보는 것은 성장을 해 나가는 과정에서 매우 중요한 일입니다.

먼 훗날 어른이 된 자신의 모습을 떠올리다 보면 때때로 깊이를 알 수 없는 복잡한 감정이 느껴질 때도 있답니다.

자주 변하는 기분

사춘기 무렵에는 특별한 이유도 없이 어느 순간 우울해진다거나 짜증이 날 때가 있습니다. 그 반대일 경우도 있지요.

이러한 현상은 호르몬 분비량의 변화 때문입니다. 따라서 그런 변덕은 시간이 흐르면서 몸과 마음이 성숙해지면 자연스럽게 안정을 되찾게 된답니다.

간섭을 거부하는 심리 상태

사춘기가 되면 자신의 말과 행동, 그리고 생활에 대해 스스로 책임을 지고자 하는 마음이 커집니다. 그와 동시에 부모님의 말씀이 모두 간섭처럼 들리기도 하지요. 이러한 변화는 독립성을 추구하는 인간의 기본적인 성향입니다. 하지만 그런 이유 때문에 가족들과 갈등이 빚어지기도 합니다.

자신감과 수줍음

거의 모든 사람들은 사춘기를 겪으면서 이성에 대해 눈을 뜨기 시작합니다. 그와 함께 자신의 성격이나 외모, 또는 스스로의 장단점에 대한 생각을 깊이 하게 되지요.

다행히 모든 면에서 자신감이 넘치면 좋겠지만, 스스로 단점이 많다고 판단이 되면 수줍음과 함께 소극적인 성향을 보이게 됩니다. 하지만 자신의 단점은 극복하면 됩니다. 그러니 당당해도 괜찮습니다.

매사에 큰소리를 치거나 자신감 넘치는 행동을 하는 친구도 분명히 있습니다. 하지만 그 친구도 사실은 마음속으로 부들부들 떨고 있을 가능성이 매우 높다는 사실을 알아야 합니다.

제4장
임신과 출산

하늘이 내린 축복, 임신

사람의 몸은 헤아릴 수 없을 만큼 많은 세포로 이루어져 있습니다. 갓 태어난 아기의 세포는 약 10조 개에 이르고, 어른의 세포 수는 무려 50조 개에 달한다고 합니다. 하지만 사람의 몸은 맨 처음 달랑 두 개의 세포로 시작됩니다. 정자와 난자라는 아주 작은 세포가 합해져 눈·코·입·귀와 팔다리가 다 달린 인간의 몸이라는 완성체를 만들어 내는 것입니다.

사람의 몸을 만들어 내는 시작점인 난자 세포는 어머니의 몸에서 만들어지고, 정자 세포는 아버지의 몸에서 생산되지요. 이와 같은 난자와 정자의 결합을 수정이라고 하는데, 그 순간이 바로 임신의 시작이랍니다.

여성의 난자

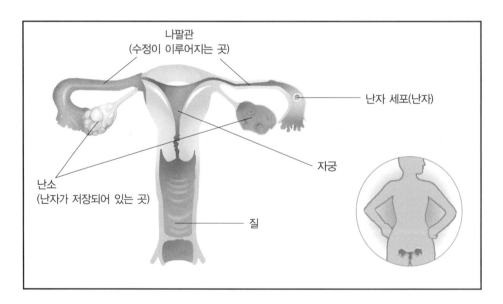

나팔관
(수정이 이루어지는 곳)

난자 세포(난자)

자궁

난소
(난자가 저장되어 있는 곳)

질

여성은 양쪽 난소에 약 40만 개 정도의 난자 세포를 갖고 태어납니다. 이 여자 아이가 자라 사춘기를 지나면 성숙한 난자 세포가 한 달에 하나씩 방출되지요. 그러한 현상을 배란이라고 부른답니다.

난소에서 방출된 난자는 나팔관으로 들어갑니다. 난자가 그 곳에 있는 동안 정자를 만나면 두 세포가 만나 수정을 하게 됩니다.

난자는 나팔관에서 자궁으로 들어갑니다. 근육질로 이루어진 자궁은 속이 비어 있는 자루처럼 생겼는데, 난자가 수정이 되면 자궁 내막에 착상을 해서 자라기 시작합니다. 수정이 되지 않았을 경우에는 해체되어 몸 밖으로 빠져나가지요.

자궁 아래쪽에는 질이라는 관이 있습니다. 질은 자궁에서부터 몸 밖으로 연결되어 있는 관으로, 자궁에서 자란 아기가 세상 밖으로 나오는 길이기도 합니다.

남성의 정자

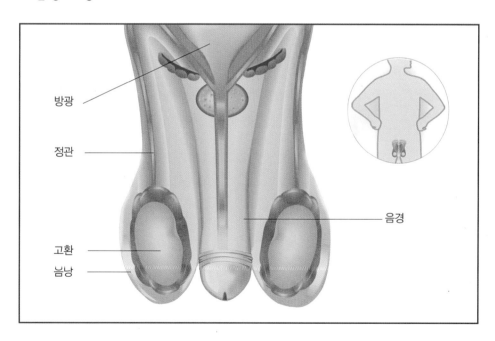

방광

정관

음경

고환

늠낭

남성의 고환에서 만들어져 저장되어 있는 정자는 마치 작은 올챙이처럼 생겼습니다. 고환은 끊임없이 정자를 생산하는데, 하루에 무려 2억 개 이상의 정자를 새로 만든답니다. 고환은 피부로 이루어진 헐렁한 자루 모양의 음낭에 들어 있는데, 방광과 연결되어 있는 요도와 연결되어 있어서, 정자와 정액을 배출할 때는 소변이 나오는 길을 막아 서로 섞이지 않게 한답니다.

정자의 이동 경로

남녀가 성관계를 할 때 남성의 음경이 여성의 질 안으로 들어갑니다. 그리고 남성이 절정이 이르면 고환이 만들어 낸 정자가 정관을 거쳐 음경으로 이동합니다.

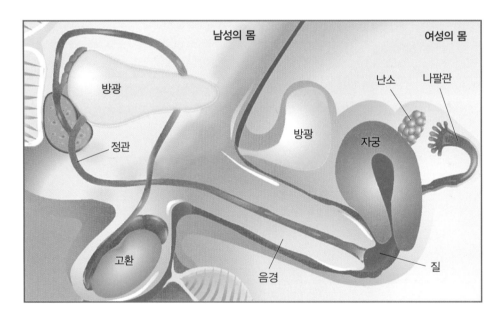

정자가 요도로 이동하는 동안 남성의 몸 안에서 만들어진 분비액과 섞여 정액이 완성됩니다. 그리고 남성이 오르가슴에 이르면 정액을 분출하는데, 그 정액은 여

성의 질 안으로 옮겨집니다.

남성의 몸에서 여성의 몸으로 옮겨진 정자는 스스로 헤엄을 쳐 여성의 자궁을 지나 나팔관으로 향합니다. 남성이 한 차례 사정을 하면 약 3억 개의 정자가 뿜어져 나오지만, 나팔관에 도착하는 정자는 그 중에서 가장 튼튼한 1,000여 개에 불과하답니다.

나팔관에 도착한 정자가 난자를 만나면 1,000여 개의 정자는 난자를 포위하듯 둘러쌉니다. 서로 먼저 난자의 외막을 뚫고 안으로 들어가기 위해서이지요. 하지만 그 중 하나만 난자와 융합할 수 있습니다.

가장 건강하고 힘이 센 정자가 난자의 외막을 뚫고 들어가는 순간 난자의 외막은 더 이상의 정자가 들어올 수 없도록 합니다. 결국 경쟁에서 승리하지 못한 정자는 최후를 맞이합니다.

새로운 세포의 성장

정자와 난자가 만나 만들어지는 새로운 세포는 세포분열이라는 과정을 거칩니다. 세포분열이란 하나의 세포가 두 개가 되고, 두 개는 네 개로, 다시 여덟, 열여섯……. 하는 방법으로 성장해 나아갑니다. 그 결과 수많은 세포로 이루어진 공 모양의 세포 덩어리가 완성됩니다.

이 세포 덩어리는 나팔관 아래쪽으로 움직여 자궁에 도착합니다. 그와 동시에 자궁 내

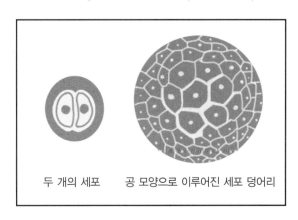

두 개의 세포   공 모양으로 이루어진 세포 덩어리

벽을 파고들어 자리를 잡게 됩니다. 이런 현상을 착상이라고 하는데, 착상은 수정 후 일주일에서 열흘 사이에 일어나게 됩니다. 착상이 되면 여성의 몸은 임신한 상태가 되는 것입니다.

여성의 몸과 임신

임신은 남성의 정자가 여성의 난자를 만나면서 이루어집니다. 일반적으로 여성은 성숙한 난자를 한 달에 하나씩 만들어 냅니다. 생리가 시작되기 2주 전 즈음이 그 시기입니다.

남성의 정자는 여성의 자궁 안에서 약 7일 동안 살 수 있습니다. 따라서 수정 가능한 날은 한 달에 약 8일이라고 할 수 있지요. 피임을 하지 않는 여성이 이 기간에 성관계를 하면 임신을 할 수 있습니다.

1주	2주	3주	4주	1주
1 2 3 4 5 6 7	8 9 10 11 12 13 14	15 16 17 18 19 20 21 22 23 24 25 26 27 28		1 2 3 4 5 6 7
생리는 보통 4~5일 동안 지속됩니다.	질을 통해 들어가는 정자가 난자를 수정시킬 가능성이 있습니다. 이것을 '수정 시기'라고 부릅니다. 난자는 대략 14일째 되는 날에 나옵니다. 난자가 하루만에 나팔관을 통해 내려옵니다.	난자가 나오는 시기에 자궁벽이 두꺼워지면서 부드러워집니다. 정자에 의해 수정이 될 경우 난자가 착상할 수 있도록 준비를 하는 것입니다. 난자가 수정이 되면 약 7일이 지난 후 자궁 내막에 착상됩니다. 난자가 수정되지 않으면 자궁 내막이 허물어지기 시작합니다. 난자가 자궁 내막에 착상이 되면 여성은 임신 상태가 되고, 더 이상 생리를 하지 않습니다.		난자가 수정이 되지 않을 경우, 난자가 나온 지 2주가 되었을 때 자궁 내막이 피와 함께 여성의 몸 밖으로 나오는데, 이를 생리 또는 월경이라고 합니다.

사춘기 무렵에 시작된 여성의 배란은 일반적으로 50세를 전후해 멈추게 됩니다. 그 시기를 폐경기라고 하지요. 하지만 사춘기에 정자를 생산하기 시작한 남자 아이의 몸은 평생 동안 멈추지 않고 정자를 만들어 냅니다.

어린아이에서 성인의 몸으로 변하는 시기를 사춘기라고 합니다. 이 시기에 여자 아이들의 몸은 배란을 하고, 남자 아이들의 몸은 정자를 만들어 내기 시작합니다.

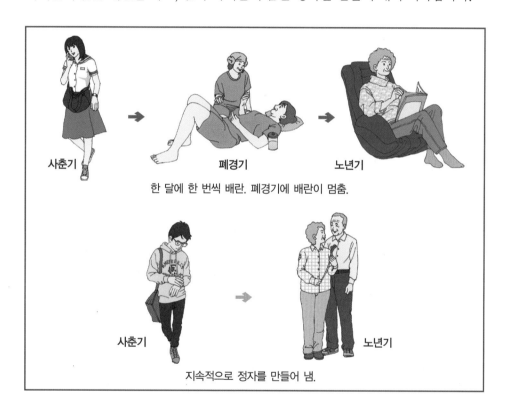

사춘기   폐경기   노년기

한 달에 한 번씩 배란. 폐경기에 배란이 멈춤.

사춘기   노년기

지속적으로 정자를 만들어 냄.

임신의 첫 징후

수정된 난자가 자궁에 착상한 이후부터 여성의 몸은 변화하기 시작합니다. 다음과 같은 증상이 있으면 임신했을 가능성이 있습니다.

생리가 멈춤 임신한 여성은 생리를 하지 않습니다. 따라서 임신을 가장 먼저 짐작할 수 있는 징후이기도 합니다.	**입덧** 입덧은 보통 아침에 많이 일어나지만, 저녁이나 다른 시간대에도 일어날 수 있습니다.
유방의 변화 가슴에 무거운 느낌이 들고 예민해지며, 젖꼭지가 욱신거리거나 아프기도 합니다.	**잦은 소변**  평소와는 달리 소변 때문에 잠에서 깨는 경우가 자주 있습니다.
입맛의 변화 입맛이 평소와 달라지거나 식탐이 생기는 사람도 있고, 아예 식욕을 잃는 사람도 있답니다.	**피로감** 매우 피곤하거나 기분 변화가 심해집니다. 우울증 역시 임신 초기 증상일 가능성도 있습니다.

임신을 확인하기 위한 검사

임신인지 아닌지를 확인하는 절차는 그다지 복잡하지 않습니다. 약국에서 손쉽게 구할 수 있는 임신 테스트기에 소량의 소변을 넣으면 임신 여부를 확인할 수가 있기 때문입니다.

이 기구는 임신 중에만 몸에서 분비되는 물질을 찾아내는 방법으로, 정확도가 매우 높은 편입니다. 하지만 임신이 확인된 후에는 병원을 찾아가 다시 한 번 검사해 본 뒤, 안정적인 임신 관리가 필요합니다.

엄마의 뱃속에 잉태한 아기는 매우 빠른 속도로 자랍니다. 정자와 난자가 결합한 하나의 세포에서 시작한 태아는 9주가 지나면 거의 사람과 같은 모양을 갖추게 됩니다.

그래서 임신 후 9주를 기준으로 그 이전의 상태는 배아라고 하고, 그 이후부터는 태아라고 한답니다.

아기가 엄마의 뱃속에서 자라는 기간

아기가 엄마의 뱃속에서 자라는 기간은 산모의 건강 상태나 주변 환경 등의 영향을 상당히 많이 받습니다. 게다가 난자가 정자를 만난 날짜를 정확하게 알기가 어렵기 때문에, 아기가 임신한 지 며칠 만에 정확하게 태어난다고 꼬집어 말할 수는 없습니다.

다만 대부분의 아기들이 엄마 뱃속에서 잉태해 머무는 기간은 약 38주인 것으로 알려져 있습니다. 그런데 어떤 날짜에 임신이 되었는지 정확하게 알아 낸다는 것은 거의 불가능하기 때문에, 엄마의 마지막 생리일을 기준으로 계산하면 약 40주가 됩니다.

대부분의 전문가들도 이 방법을 이용해 출산 예정일을 계산한답니다.

임신 후 3개월 동안의 변화

0주	1주	2주	3주	4주	5주
마지막 생리 시작일.		난자 수정됨.	난자가 자궁 벽에 착상됨.	생리가 멈춤.	배아의 크기는 겨우 보일 정도임.

6주	7주	8주	12주
심장 박동이 시작됨과 함께 척추와 뇌의 형태가 만들어지기 시작함.	손과 발의 최초 형태인 작은 돌기 네 개가 돋아남.	엄마가 느낄 수 없을 만큼, 배아가 아주 조금씩 움직이기 시작함. 눈이 생김.	모든 장기가 형성됨. 남녀에 따라 태아의 모습에 차이가 나타남.

아기의 생명 유지

모든 생명체가 생존하기 위해서는 영양분과 산소가 필요함은 물론, 노폐물 역시 그때그때 처리해야 합니다. 엄마의 뱃속에서 자라고 있는 아기 역시 마찬가지입니다.

태아가 엄마 뱃속에 있는 동안에는 직접 숨을 쉬거나 음식을 먹지는 않습니다. 엄마의 혈액 속에 들어 있는 영양분과 산소를 공급받아 생명을 유지하지요. 노폐물 처리도 아기의 혈액에서 엄마의 혈액으로 옮겨집니다.

엄마와 아기가 서로의 혈액을 주고받을 수 있는 것은 태반이라고 하는 특별한 기관으로 연결되어 있기 때문에 가능한 일입니다. 그러니까 태반은 엄마와 아기가 매순간 서로에 대한 모든 것을 주고받는 고속도로인 셈입니다.

배아가 자궁 내막에 착상할 때는 착상한 부위의 세포 일부를 녹인 뒤 그 안쪽에 자리를 잡습니다. 그러고는 엄마의 혈액에서 영양분을 빨아들이면서 혈관망을 형성하기 시작합니다.

배아의 혈관망은 엄마의 몸에서 생긴 혈관망과 엮어지게 되는데, 함께 뒤엉킨 두 혈관망에서 태반이 생겨납니다. 태반은 배아에서 태아가 되는 임신 10주차에 이르면 완전히 형성됩니다.

엄마와 아기의 혈관은 서로 붙어 있지는 않습니다. 둘 사이에 얇은 세포층이 있는데, 이 세포층은 보호막 역할도 함께 하면서 아기의 몸 속에 해로운 성분이 들어

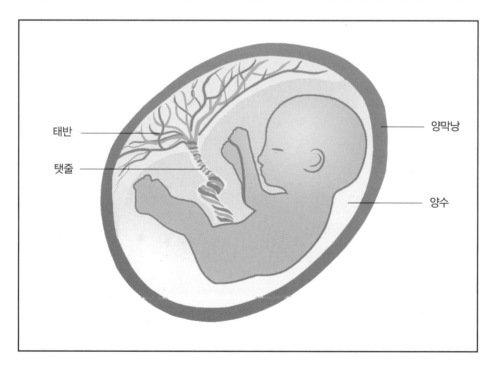

태반

태줄

양막낭

양수

오는 것을 일정 부분 막아주기도 한답니다.

아기는 배꼽에서 나온 줄을 통해 태반과 연결되어 있는데, 이 줄을 탯줄이라고 합니다. 산소와 영양분을 실은 엄마의 혈액이 태반에서 탯줄을 통해 아기의 몸으로 이동한 다음, 아기의 몸속을 한 바퀴 돌면서 아기가 필요로 하는 모든 것들을 공급해 준 다음 대반으로 흘러들어갑니다. 이때 아기의 몸에서 나온 노폐물도 함께 신고 가지요.

아기는 자궁 안에서 양막낭이라는 자루에 둘러싸여 있습니다. 이 자루 속에는 양수라고 하는 액체가 가득 들어 있는데, 엄마가 충격을 받을 경우 양수가 그 충격을 흡수해 아기를 보호합니다.

양수는 또한 아기의 체온을 일정하게 유지해 주고, 아기가 자궁 안에서 자유롭게 자라면서 움직일 수 있는 공간을 확보해 주는 역할을 한답니다.

16주 _ 태아의 크기는 찻잔에 들어갈 만큼입니다. 양수를 삼키고 소변을 내보내기 시작합니다. 손가락과 발가락이 생기고 피부는 밝은 빛이 나는 투명한 색입니다. 이제 자궁은 태아와 태반, 그리고 양수로 꽉 차서 이후부터는 아기가 자란 만큼 자궁도 늘어나게 됩니다. 따라서 엄마의 배가 불러오기 시작하지요. 엄마가 느끼던 입덧도 이 즈음에 사라집니다.

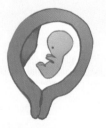

실제 길이 약 14cm

20주 _ 머리카락과 눈썹이 나기 시작합니다. 몸 전체는 미세하고 부드러운 솜털로 덮여 있으며, 피부의 투명함이 엷어진 대신 온 몸이 주름으로 쭈글쭈글한 상태입니다. 일반적으로 18~22주 사이에 태아가 몸부림을 치거나 팔다리를 움직이는데, 엄마가 아기의 움직임을 느끼기 시작할 정도입니다.

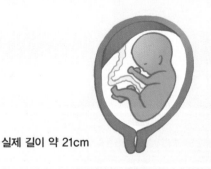

실제 길이 약 21cm

24주 _ 태아가 잠을 자거나 깨어 있는 시간이 뚜렷해집니다. 엄마의 심장박동 소리와 혈액이 흐르는 소리는 물론, 엄마의 몸 밖에서 나는 목소리나 음악과 같은 다른 소리를 들을 수 있습니다. 이 시기에 태어난 아기는 매우 위험합니다. 따라서 병원 미숙아실에서 보살핌을 받으며 자랄 수는 있지만, 생존할 확률이 그다지 높지는 않습니다. 이때가 되면 태아 청진기를 통해 태아의 심장 뛰는 소리를 들을 수 있습니다.

실제 길이 약 30cm

28주 _ 태아의 몸은 두꺼운 흰색 지방으로 덮여 있는데, 이 지방을 태지라고 합니다. 태지는 태아의 피부가 양수 때문에 짓무르는 것을 막아 줍니다. 태아의 발차기가 갈수록 거칠어지며, 태아의 딸꾹질을 엄마가 느끼기도 합니다. 이때 태어난 아기는 건강하게 자랄 확률이 높습니다. 하지만 병원 미숙아실에서 나머지 두 달 정도를 버텨야 합니다. 스스로 숨을 쉴 수 있을 만큼 폐가 발달하지 않았기 때문입니다.

실제 길이 약 36cm

32주 _ 태아의 몸에 지방이 쌓이고 피부의 주름이 줄어들기 시작합니다. 폐가 자라기 시작하면서 산소를 직접 마셔 호흡할 준비를 갖추어 나갑니다. 이때가 되면 엄지손가락을 빠는 아기도 있습니다. 나아가 엄마는 아기의 무게 때문에 몸을 뒤로 젖히며 걷게 됩니다. 균형을 잡기 위해 양쪽 다리가 벌어지기도 합니다.

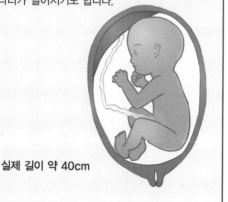

실제 길이 약 40cm

36주 _ 이 시기가 되면 태아가 자궁 안에서 머리를 아래쪽으로 향하는데, 이 자세는 태어날 때까지 계속됩니다. 태아가 자궁을 가득 채우고 있고, 자궁이 더 이상 늘어날 공간도 없기 때문에 방향을 바꿀 수도 없습니다. 하지만 태아의 몸에는 지방이 계속 쌓입니다. 아기가 팔다리를 움직일 때 엄마의 배를 보면 손인지 발인지를 구분할 수도 있습니다.

실제 길이 약 45cm

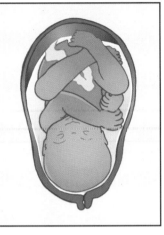

40주 _ 일반적으로 36주가 지나면 태아의 머리는 엄마의 골반 쪽으로 내려가 태어날 준비를 합니다. 태아의 머리가 골반 쪽으로 가면 엄마는 숨쉬기가 훨씬 수월해집니다. 태아 때문에 엄마의 폐가 눌려 있다가 여유 공간이 생겼기 때문입니다. 여기에 표기된 40주라는 기간은 평균 임신 기간일 뿐, 37주에서 42주 사이에 태어난 아기는 모두 정상입니다. 이때 태아의 온몸을 덮고 있던 솜털은 거의 사라지는데, 태지는 여전히 그대로입니다.

실제 길이 약 50cm

 3 엄마의 몸에 생기는 변화

여성은 임신과 함께 신체적 정신적인 엄청난 변화를 겪게 됩니다. 특히 아기가 몸속에 자리를 잡음과 동시에 여성의 몸은 지금까지와는 사뭇 다른 양상을 보이기 시작합니다.

아기의 성장에 필요한 모든 영양소를 공급함과 아울러, 머지않아 있게 될 출산을 준비하는 것입니다. 이러한 변화는 임신과 함께 분비되는 호르몬의 변화 때문이지요.

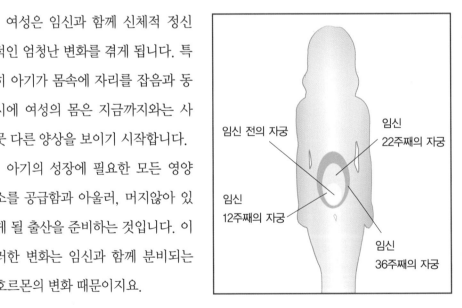

임신 전의 자궁

임신 22주째의 자궁

임신 12주째의 자궁

임신 36주째의 자궁

여성이 임신을 하면 프로게스테론과 에스트로겐이라는 호르몬의 분비량이 평소에 비해 많아집니다. 이 호르몬들은 본래 여성의 몸속에서 생성되던 것들이지만, 임신과 함께 훨씬 더 많은 양이 분비되어 여성의 몸을 변화시킵니다.

이 프로게스테론과 에스트로겐이라는 호르몬은 보통 난소에서 만들어지지만, 임신 3개월이 지나면 태반이 그 역할을 대신합니다.

자궁의 변화

임신 기간 중에 나타나는 가장 큰 변화는 자궁입니다. 임신과 함께 자궁이 평소보다 훨씬 커지지요. 이러한 변화는 자궁 안에서 자라는 아기가 짓눌리지 않도록 충분한 공간을 만들어 주기 위한 것입니다.

여성의 자궁은 민무늬근이라는 근육으로 만들어져 있습니다. 프로게스테론 호르몬은 이 민무늬근의 신축성을 도와 더욱 잘 늘어날 수 있게 해 줍니다.

그림에서 보여지는 것처럼 태아가 자라면서 자궁이 커지고, 그 영향으로 본래 몸 속을 차지하고 있던 다른 기관들이 압박을 받습니다. 특히 창자와 방광이 많이 눌려 변비에 걸리기도 하고, 소변을 자주 보는 증상이 나타나기도 합니다.

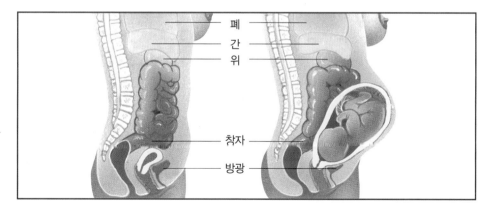

폐
간
위
창자
방광

유방의 변화

여성이 임신을 하면 유방이 서서히 커집니다. 임신 호르몬이 엄마의
유방에서 젖을 만들어 내도록 준비를 시키기 때문이지요. 임신을
한 엄마의 유빙에서는 초유라는 물질을 만들어 내기 시작하는
데, 실제로 젖이 나오는 시기는 아기가 태어난 뒤부터입니다.

골반의 변화

다리뼈와 척추를 이어 주고 있는 골반은 둥근 모양을 하고 있습니다. 골반은 세
개의 뼈가 인대라고 하는 튼튼한 섬유조직으로 연결되어 있어요. 그런데 여성이 임
신을 하면 프로게스테론의 작용으로 인대의 신축성이 좋아집니다. 이는 아기가 태
어날 때 골반이 더 크게 벌어지게 하기 위한 것입니다.

혈액의 변화

여성이 임신을 하면 몸속에 있는 혈
액의 양은 50%까지 증가합니다. 그 많
은 혈액을 온 몸에 골고루 보내기 위해
심장의 역할은 더욱 커지게 되지요. 많
아진 혈액은 자궁에서 자라고 있는 아
기는 물론, 평소에 비해 할 일이 더 많
아진 신체 기관들에 보내집니다.

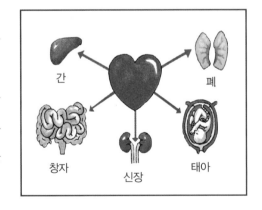

피부의 변화

임신을 하면 평상시보다 체온이 더 올라갑니다. 더 많아진 혈액이 혈관을 통과하고 있기 때문이지요. 체온의 갑작스러운 변화로 점이나 주근깨가 생기는 사람이 많습니다. 또한 임신을 하면 젖꼭지 주변 색깔이 짙어지는 한편, 배 한가운데에 흑선이라는 짙은 선이 나타나기도 합니다.

임신에 따른 불편한 변화

여성이 임신을 하면 여러 가지 불편한 변화 증상을 보이게 됩니다. 호르몬 수치의 변화와 늘어난 자궁의 압박 등이 그 이유입니다. 임신부가 겪게 되는 불편한 증상으로는 요통, 수면장애, 거친 호흡, 기분 변화, 변비, 소화불량, 발목이 부어오르는 현상 등이 있습니다.

4 임신 중의 건강 관리

임신을 하게 되면 여성의 몸은 평소에 비해 많은 부담을 느끼게 됩니다. 그렇다고 해서 일상생활을 할 수 없을 정도는 아니지만, 몸이 무거워지면서 불편함이 동반되지요.

평소에 해왔던 활동을 거침없이 할 수 없음에도 불구하고, 임신 중에는 건강 관리에 많은 노력을 기울여야 합니다. 엄마의 건강과 태아의 건강이 직접적으로 연결되기 때문입니다.

일상생활에서의 건강 관리

임신과 함께 여성은 몸집이 불어나면서 체중이 증가합니다. 복부의 근육도 늘어나지요. 호르몬 때문에 느슨해진 관절과 복부 근육이 늘어나 허리에 통증을 느낄 수가 있습니다. 따라서 임신부는 무슨 일을 하더라도 허리를 똑바로 펴는 습관을 들여야 합니다.

무거운 것을 들어올리거나 나르는 일은 허리에 무리를 줄 수 있습니다.

앞으로 몸을 숙이는 자세도 허리에 영향을 미칩니다.

같은 자세로 오래 서 있으면 혈액 순환에 좋지 않습니다.

몸의 균형을 잡기 어렵기 때문에 넘어지기 쉽습니다.

운동과 휴식

임신과 함께 임신부에 도움이 되는 새로운 운동을 시작하는 것은 바람직한 일입니다. 하지만 자신에게 익숙한 운동을 계속하는 것도 좋습니다.

특히 몸을 이완시켜 주는 운동이 임신부에게 좋은데, 몸이 긴장 상태에 있을 때는 제대로 된 휴식을 취할 수가 없기 때문입니다.

임신부들을 위한 모임

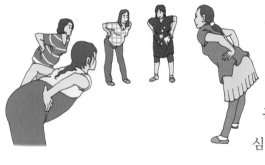

임신부들이 한데 모여 정보를 교환하는 모임에 나가는 것도 큰 도움이 될 수 있습니다. 서로 비슷한 입장에 있는 임신부들끼리 대화를 나누다 보면 정보 이외에도 심리적인 안정감을 느낄 수 있기 때문입니다. 나아가 임신과 출산에 유용한 스트레칭 방법까지 서로 주고받을 수 있답니다.

몸무게의 증가

임신을 하면 체중이 9~13kg 정도 늘어납니다. 평상시에 비해 불어난 체중은 대부분 도표와 같은 비율로 채워져 있습니다.

임신을 하면 지방이 크게 늘어나는 것으로 생각하는 경우가 많은데, 실제로 지방이 차지하는 비율은 많지 않습니다.

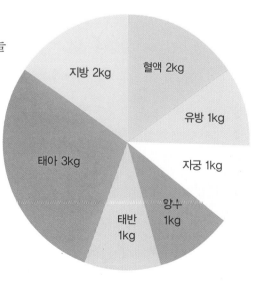

지방 2kg
혈액 2kg
유방 1kg
자궁 1kg
태아 3kg
양수 1kg
태반 1kg

충분한 영양 섭취

임신부의 건강은 태아의 건강과 직결됩니다. 따라서 임신 중에는 신선하고 질 좋은 음식을 다양하게 섭취하는 것이 좋습니다.

내부분의 임신부는 평소보나 너 많은 앙의 음식을 먹게 됩니다. 그러나 시간이 흐를수록 한꺼번에 많은 양을 먹지는 못합니다. 자궁이 커지는 바람에 위가 차지하고 있던 공간이 줄어들었기 때문이지요.

임신부에게 해로운 것들

임신부가 섭취하는 음식의 영양분과 산소가 태아에게 전달되는 것처럼, 태아에게 해로운 것들도 고스란히 전해집니다. 특히 태아가 급격하게 성장하는 임신 후 3개월 동안이 더욱 그렇습니다.

임신부는 어떤 약이든 의사와 상의한 후 먹어야 합니다. 자칫하면 태아의 정상적인 성장에 결정적인 영향을 끼칠 수 있기 때문입니다. 처방전 없이 구입할 수 있는 약도 마찬가지랍니다.

임신 중에는 담배를 피우지 않는 것이 좋습니다. 임신부가 흡연을 할 경우 체중이 미달된 아기를 낳을 가능성이 높은데, 아빠가 담배를 피웠을 경우에도 좋지 않은 영향을 미치게 됩니다. 알코올 성분도 태반을 통해 태아에게 고스란히 전해지므로 술도 마시지 않아야 합니다.

반드시 받아야 하는 건강 검진

모든 임신부는 반드시 정기적인 건강 검진을 받아야 합니다. 자신의 몸은 물론, 태아의 건강 상태를 늘 확인해야 하기 때문입니다. 검진은 산부인과 병원에서 하면 되는데, 조산원은 임신과 출산의 전문가일 뿐, 의사는 아닙니다.

임신부가 병원에 가면 혈액을 채취해 건강 상태를 점검합니다. 태아에게 영향을 미칠 수 있는 문제점이 있는지를 확인하는 것입니다.

정기 검진을 받을 때마다 화학 약품을 이용해 임신부의 소변을 검사합니다. 소변에 당이나 단백질 같은 물질이 있으면 임신부의 몸에 문제가 있다는 신호일 수 있습니다.

임신부의 몸무게를 측정합니다. 임신 3개월 이후에는 몸무게가 꾸준히 늘어야 합니다. 태아의 성장과 모유 수유에 유리하기 때문입니다.

임신부의 혈압은 매우 중요합니다. 혈압이 높으면 아기의 성장에 영향을 끼칠 뿐만 아니라, 산모에게 문제가 일어날 수 있습니다.

임신부의 배를 만져 보면서 자궁의 상태를 검사합니다. 자궁의 크기에 따라 태아가 얼마나 잘 자라고 있는지 짐작할 수 있습니다.

청진기로 태아의 심장 박동 소리를 검사합니다. 소리를 확대해 임신부가 직접 태아의 심장 박동 소리를 들을 수 있는 기계도 있습니다.

초음파 검사

초음파 검사는 사람이 들을 수 있는 음파보다 훨씬 더 높은 음파를 임신부 몸 안으로 보내 엄마의 자궁에서 자라고 있는 태아를 검사하는 방법입니다.

이 방법을 사용하면 태아의 크기를 비롯한 성장 상태를 보다 더 사세하게 확인할 수 있습니다.

기형아 검사

아주 적은 숫자이기는 하지만 임신부의 자궁 안에서 장애를 안고 자라는 태아도 있습니다. 그래서 임신 중에는 뱃속의 아기에게 문제가 있지는 않은지 검사합니다. 혈액 검사와 초음파 검사만으로도 기본적인 기형은 알아낼 수 있습니다.

기본 검사 결과 문제가 있거나 기형이 유전되었을 가능성이 있다고 판단되면 정밀검사를 하게 됩니다. 하지만 이 검사는 태아에게 해롭지 않도록 매우 조심스럽게 진행됩니다.

태아가 자라고 있는 양막낭 속 양수에는 태아의 세포가 포함되어 있습니다. 따라서 임신부의 복부에 주사 바늘을 넣어 양수를 뽑아내 검사를 합니다.

또 한 가지 방법은 융모막 검사입니다. 이 방법 역시 임신부의 복부에 주사기 바늘을 넣어 태반의 일부인 융모막 세포 일부를 채취해 검사를 합니다.

안타까운 이별, 유산

의학의 발달로 임신 24주째에 태어난 아기도 살아날 가능성이 있습니다. 하지만 그 이전에 태어난 아기는 안타깝게도 생명을 이어가지 못합니다. 유산이 되는 것이지요. 대부분의 유산은 임신 초기에 일어나는데, 그 정확한 원인은 알 수 없는 경우가 많습니다. 다만 임신 초기에 태아가 정상적으로 자랄 수 없었기 때문으로 짐작하고 있답니다.

어쩔 수 없는 선택, 낙태

낙태란 인공적으로 임신 상태를 중지시키는 것을 말합니다. 태아에게 정신적 신체적으로 심한 장애가 있을 가능성이 높거나, 임신부의 건강이 더 이상 임신 상태를 유지할 수 없을 때 행해지지요. 최종적으로 낙태 결정이 내려지면 임신부는 병원에서 자궁에 있는 태아를 제거하는 수술을 받습니다. 이 수술을 낙태, 또는 임신 중절 수술이라고도 합니다.

 5 ## 엄마와 아기의 첫 만남, 출산

엄마의 자궁에서 자라던 아기가 세상 밖으로 나오는 과정을 분만, 또는 출산이라고 합니다. 그런데 아직까지 출산이 시작되는 근본적인 원인을 정확하게 파악하지 못하고 있답니다. 다만 엄마의 뱃속에서 아기가 다 자라면 호르몬을 분비해서 엄마의 몸에 전달하는데, 그때부터 출산이 시작되는 것이 아닐까 짐작하고 있습니다.

산모가 아기를 낳는 데 걸리는 시간은 사람에 따라 많은 차이가 있습니다. 첫 아기의 출산일 경우 평균 15~18시간 정도인데, 이보다 훨씬 더 빨리 낳기도 하고, 더 많은 시간이 걸리기도 합니다. 그런데 일반적으로 둘째나 셋째 아기를 낳는 데 걸리는 시간은 이보다 더 짧습니다.

분만의 징후

아기가 머지않아 태어날 것이라는 사실을 엄마가 처음 느끼는 것은 한 시간에 두 번 정도씩 통증이 오면서부터입니다. 이 통증은 엄마의 자궁 수축으로 인한 것인데, 보통 복부 아래쪽과 허리 끝부분이 아픕니다.

엄마는 작은 점액 덩어리가 몸 밖으로 나오는 것을 확인할 수도 있습니다. 이 점액은 임신을 하고 있는 동안 자궁 경부 가운데를 막고 있던 물질이지요. 이 물질이 나오는 것을 출산 개시라고 하는데, 이는 자궁경부가 열리기 시작하면서 그 물질이 떨어져 나온 것입니다.

분만 1기

아기가 나갈 수 있는 공간을 만들어 주기 위해 자궁 아랫부분이 열리는 시기입니다. 질과 자궁 사이에 있는 이 부분을 자궁경부라고 하는데, 자궁경부 가운데 있는 지름이 2mm 정도의 작은 구멍이 열리기 시작하는 것입니다.

분만이 가까워지면 자궁은 윗부분의 근육이 수축과 이완을 반복합니다. 수축을 한 번 할 때마다 자궁이 조금씩 작아지면서 아기를 밀어 냅니다. 그러면 아기의 머

리가 자궁경부에 닿게 되고, 자궁경부는 더욱 넓어
집니다.

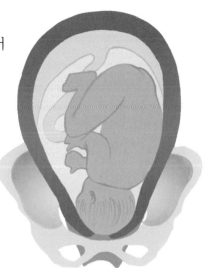

신생아의 머리는 직경이 약 9.5cm입니다. 따라
서 자궁경부의 지름은 10cm 정도가 될 때까지 넓
어져야 합니다. 이때에 이르면 양수 주머니에
가해지는 압력이 매우 커져 주머니가 터집니
다. 그 결과 양수가 자궁경부와 질을 통해 흘러나
옵니다.

분만을 위한 자궁 수축

분만 1기는 분만 과정 중에서 시간이 가장 많이 걸립니다. 첫 출산일 때는 대략
13시간 정도입니다. 분만 초기에는 자궁 수축을 약 30분 간격으로 하게 되는데, 수
축 강도는 비교적 약한 편입니다.

하지만 시간이 흐르면서 자궁 수축 간격이 좁아지고, 강도 또한 세집니다. 그래
서 자궁경부가 완전히 열릴 때가 되면 보통 2분에 한 번씩 수축을 하게 되고, 한 차
례 수축할 때마다 약 1분 30초 정도 지속됩니다.

분만 2기

자궁경부가 완전히 열릴 때부터 아기가 태어나기 시작할 때까지를 분만 2기라고
합니다. 이 단계는 2시간 가량 걸릴 수도 있고, 불과 몇 분 만에 끝날 수도 있습니다.

자궁은 규칙적인 간격으로 수축을 계속하고, 산모는 근육의 힘으로 아기를 밀어

냅니다. 먼저 아기의 머리가 밖으로 나오고 나면 몸체는 비교적 수월하게 미끄러져 나옵니다.

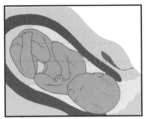 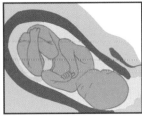 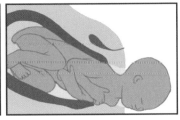

분만 3기

아기가 태어나 세상 밖으로 나온 후에도 아기의 몸과 태반은 탯줄로 연결되어 있습니다. 태반 역시 자궁벽에 붙어 있지요. 하지만 태반과 빈 양막낭은 곧 산모의 자궁에서 떨어져 몸 밖으로 나옵니다. 태반, 양막낭, 탯줄 등이 나오는 것을 후산이라고 부릅니다.

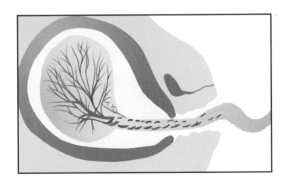

분만 과정의 관리

분만을 하는 모든 과정은 의사의 지휘 아래 간호사가 산모를 보살펴 줍니다. 간호사는 틈틈이 산모를 격려해 주면서 분만이 문제 없이 잘 진행되고 있는지를 확인하기 위해 매시간 검사를 합니다.

분만이 시작되면 간호사는 자궁경부가 얼마나 열렸는지를 확인합니다. 자궁경부가 10cm 가량 열리면 곧 아기가 태어난다는 사실을 알고 준비를 합니다. 그 밖에도 간호사는 산모의 배를 만져 보기도 하고 맥박과 체온, 혈압 등을 수시로 점검합니다.

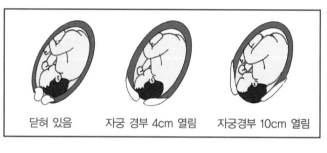

달혀 있음　자궁 경부 4cm 열림　자궁경부 10cm 열림

산부인과 병원에서는 모니터를 통해 아기의 심장 박동을 측정할 수 있습니다. 변환기를 산모의 복부에 대면 음성장치 확성기를 통해 태아의 심장 박동을 들을 수 있지요. 심장 박동과 자궁 수축까지 검사할 수 있는 대형 모니터도 있습니다.

분만 과정의 아기

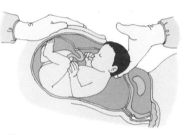

정상적인 출산의 경우 아기는 머리부터 나옵니다. 가슴이 밖으로 나오면 아기는 스스로 폐를 팽창시켜 숨을 쉬게 됩니다. 아기의 몸이 모두 나오면 간호사가 아기의 코와 입에 들어 있는 양수를 빼내 줍니다.

아기의 탯줄은 태반과 연결되어 있는데, 태반은 아직 엄마 뱃속에 들어 있습니다. 몇 분이 더 지나면 탯줄 양쪽을 잡은 뒤 그 중간을 자릅니다.

갓 태어난 자신의 아기를 산모가 볼 수 있습니다. 대부분의 아기들은 태어난 직후에 울음보를 터뜨리는데, 이 울음으로 아기의 폐에 공기가 가득 들어가 양수를 빠져 나가게 합니다.

117

아기의 키와 몸무게, 그리고 머리 크기를 잽니다. 태어날 당시의 몸무게를 기록해 두는 것은 매우 중요합니다. 아기의 기본 체력과 앞으로의 성장을 짐작할 수 있기 때문입니다.

불과 몇 분 전까지 엄마의 뱃속에 있었기 때문에 아기를 따뜻하게 해 줘야 합니다. 아직 외부 환경에 적응할 수 없

는 아기는 순식간에 열을 빼앗길 수 있기 때문입니다. 목욕을 시킨 뒤에는 반드시 부드러운 천으로 감싸 아기의 체온을 유지시켜 줍니다.

병원에서 태어난 아기는 손목이나 발목에 꼬리표를 붙입니다. 꼬리표에는 아기의 이름과 태어난 날짜, 그리고 시간 등이 적혀 있습니다. 이 꼬리표는 실수로 아기가 바뀌지 않도록 하는 역할도 해 줍니다.

출산의 고통 줄이기

새로운 생명을 잉태하고 낳는다는 것은 매우 기쁜 일입니다. 그러나 한편으로는 고통스럽고 힘든 일이기도 하지요. 자궁 수축은 다른 말로 진통이라고 부릅니다. 처음에는 가벼운 통증에서 시작해 시간이 흐를수록 강해져 아기가 태어날 때가 되면 산모의 기력은 거의 남지 않을 정도가 됩니다.

산모가 긴장을 해서 우왕좌왕하면 통증은 더욱 심해집니다. 자궁이 수축하면서 진통이 오면 규칙적인 호흡을 하고, 진통이 멈춤과 함께 몸을 이완시켜 주면 통증이 상당 부분 줄어드는 것으로 알려져 있습니다.

마사지도 긴장을 줄이는 데 도움이 됩니다. 등을 곧게 펴면 분만이 보다 더 빨리 진행되는 효과가 있습니다. 중력의 영향으로 아기가 조금 더 쉽게 나올 수 있기 때문입니다. 통증을 최소화하기 위해 욕조에 들어가 물속에서 분만을 하는 산모도 있습니다.

또한 산모가 원할 경우 통증을 덜어 주는 주사를 놓는 경우도 있답니다. 이 주사를 맞으면 산모와 아기 모두 몽롱한 상태가 되어 산모는 통증을 덜 느끼게 됩니다. 하지만 아기한테 좋은 영향을 주지는 않겠지요.

분만 촉진과 유도 분만

산모의 건강이나 아기를 낳을 몸의 준비 상태에 따라 의사가 자연적으로 분만하기 어렵다는 판단을 하는 경우가 있습니다. 그럴 때는 인공적으로 분만을 도와 무사히 아기를 낳게 하는 방법입니다.

이것은 산모나 태아의 건강에 상당한 위험이 있다고 여겨질 때 사용하는 방법으로, 산모의 혈액 속에 호르몬을 주입하거나 질 안에 좌약을 넣으면 출산이 보다 빨리 진행됩니다.

겸자를 이용한 분만

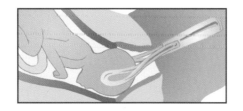

분만 2기를 빨리 진행시키기 위해 겸자를 사용해야 하는 상황도 발생합니다. 분만 2기가 지나치게 길어지면 아기가 산소 부족을 일으킬 수도 있기 때문입니다.

의사는 겸자를 산모의 몸속에 넣어 태아의 머리에 고정시킨 다음 천천히 당기면 태아가 엄마의 몸 밖으로 나오게 됩니다. 겸자 대신 진공 흡입기나 흡반을 사용하기도 합니다.

절개와 봉합

분만을 하는 과정에서 산모의 질 입구 근육이 찢어지는 경우가 있습니다. 아기의 머리가 빠져나오면서 그런 현상이 벌어지는 것이지요. 태아의 자세가 거꾸로 되어 머리가 아닌 발부터 나올 경우에는 의사가 미리 절개를 합니다. 찢어지거나 절개한 부위는 출산이 완료된 뒤 봉합을 하는데, 그 후 며칠 동안 상처 부위에 통증을 느끼게 됩니다.

제왕 절개 분만

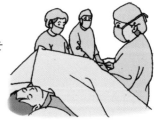

제왕 절개는 산모의 배를 절개해서 아기와 태반을 꺼내는 방법입니다. 시간은 약 40여 분이 걸리는데, 대부분 전신 마취보다는 경막외 마취를 하는데, 경막외 마취는 통증은

느껴지지 않지만 깨어 있기 때문에 아기가 태어나는 것을 볼 수 있답니다.

제왕 절개를 통해 아기를 낳는 이유는 산모의 골반이 너무 작거나, 태반이 길을 막고 있어 아기가 자궁 밖으로 나오지 못할 경우입니다. 그리고 아기를 빨리 꺼내지 않으면 산모나 아기의 생명에 지장이 있을 경우에도 제왕 절개를 통한 출산을 합니다.

자세를 거꾸로 잡고 있는 태아

자궁 속에 있는 아기는 태어날 때가 되면 머리를 아래쪽 방향으로 돌려 쉽게 나올 수 있는 준비를 합니다. 그런데 미처 방향을 바꾸지 못해 엉덩이가 아래쪽 방향을 향하고 있는 경우를 둔위 태위라고 합니다. 이럴 경우 출산 과정이 무척 힘들어집니다.

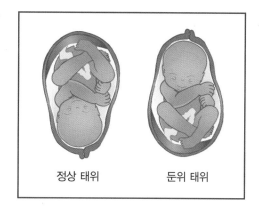

정상 태위   둔위 태위

모두의 슬픔, 사산

사산은 임신이 시작된 지 20주 이상이 지난 이후에 자궁 안에서 태아가 더 이상 버티지 못할 경우에 일어납니다. 아기를 사산하게 될 경우 산모가 겪어야 하는 정신적인 충격은 이루 말할 수 없을 만큼 큽니다. 육체적인 고통 또한 감내해야 하지요. 의학의 발달로 예전에 비해 사산을 하는 경우가 크게 줄어든 것은 모두를 위해 바람직한 일입니다.

특수 치료를 받아야 하는 아기

유감스러운 일이지만 태어나자마자 특수 치료를 받아야 하는 아기도 있습니다. 예정일보다 3주 이상 빨리 태어난 조산, 체중 미달, 감염이나 결함이 있는 경우가 바로 그런 예입니다.

특수 치료를 받아야 하는 아기는 대부분 인큐베이터 안에서 특별 보호를 받게 되는데, 아기의 코에 튜브를 끼워 영양분을 공급하거나 수액을 혈관에 주입하기도 합니다. 태어나자마자 얼마간 특수 치료를 받은 아기라 할지라도 대부분 건강하게 자랍니다.

6 부모에게 물려받은 유전자

사람의 생명은 임신이 이루어진 순간부터 시작됩니다. 정자와 난자가 하나의 세포가 되는데, 그 세포 속에 새로운 인간으로 성장해 나아가는 모든 정보가 담겨 있습니다.

각각의 세포 속에 포함되어 어떤 모습으로 자라게 할 것인지를 결정하는 명령어를 유전자라고 합니다. 유전자는 당연히 부모에게 물려받은 것으로, 훗날 그 사람의 삶에 결정적인 역할을 합니다.

하지만 사람이 성장하는 방식을 결정하는 것은 유전자만이 아닙니다. 주변 사람들, 스스로 체험한 경험, 음식, 기후 등과 같은 요소도 많은 영향을 줍니다.

세포와 염색체, 그리고 유전자

인간의 몸은 하나의 세포에서부터 시작됩니다. 세포는 워낙 작아서 현미경으로만 볼 수가 있는데, 끊임없는 분열을 통해 순식간에 수십억 개로 늘어납니다.

각각의 세포는 젤리처럼 생긴 세포질이라는 물질로 구성되어 있는데, 그 한가운데에는 세포핵이 있습니다. 세포핵에는 염색체라고 부르는 구조물이 들어 있지요. 나아가 하나의 염색체는 수천 개의 유전자로 이루어져 있습니다.

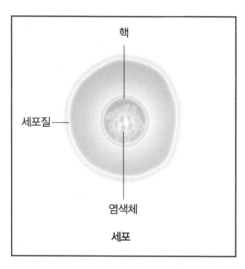

핵

세포질 ─

염색체

세포

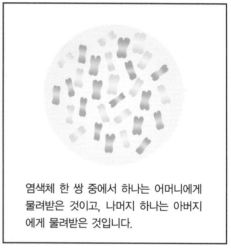

염색체 한 쌍 중에서 하나는 어머니에게 물려받은 것이고, 나머지 하나는 아버지에게 물려받은 것입니다.

유전자는 아주 작은 정보까지 완벽하게 저장하고 분류할 수 있는 컴퓨터와 같습니다. 각각의 유전자는 꼬여 있는 사다리와 같은 모양의 화학 물질로 구성되어 있지요.

난자와 정자에는 각각 23개의 염색체가 있습니다. 그래서 난자와 정자가 결합해 만들어진 최초의 세포에는 46개의 염색체가 들어 있지요. 세포가 분열할 때 이 염색체도 똑같이 복사되어 각각의 세포에 전달되어 평생 동안 사람의 몸에 남아 있게 됩니다.

아들과 딸을 결정하는 염색체

난자와 정자에 각각 들어 있는 23개의 염색체 중에서 하나는 성염색체입니다. 성염색체에는 두 가지가 있는데, 하나는 X염색체이고 다른 하나는 Y염색체입니다.

모든 남자에는 X염색체가 있습니다. 남자의 정자에는 X염색체와 Y염색체가 절반씩 들어 있지요. 그러니까 X염색체가 들어 있는 정자가 난자와 만나면 아기는 딸이 되고, Y염색체가 들어 있는 정자가 난자와 만나면 아들이 되는 것입니다.

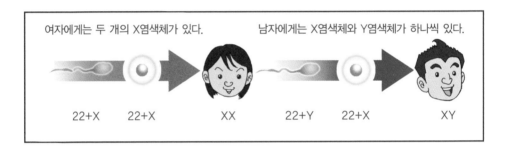

여자에게는 두 개의 X염색체가 있다.   남자에게는 X염색체와 Y염색체가 하나씩 있다.

22+X   22+X   XX   22+Y   22+X   XY

부모를 닮은 아기

사람의 생김새는 부모에게 물려받은 유전자에 의해 결정됩니다. 그런데 부모의 유전자에 실린 명령어가 서로 다를 때는 힘이 센 쪽 유전자의 명령을 따르게 됩니다. 여기에서 힘이 센 유전자를 우성 유전자, 힘이 약한 유전자를 열성 유전자라고 부릅니다.

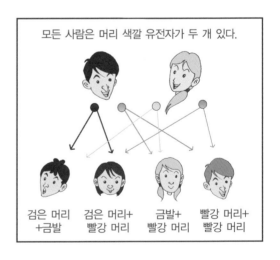

모든 사람은 머리 색깔 유전자가 두 개 있다.

검은 머리 +금발   검은 머리+ 빨강 머리   금발+ 빨강 머리   빨강 머리+ 빨강 머리

124

그림에서와 같은 부모의 유전자가 만나면 제각각 다른 머리 색깔을 가진 형제자매가 태어날 수 있습니다. 그런데 검은 머리 유전자는 다른 모든 머리 색깔보다 우세합니다. 금발은 빨강보다 우세해서 아이가 빨강 머리를 갖게 되려면 부모 모두에게 빨강 머리 유전자를 물려받아야만 합니다.

비정상 유전자

모든 유전자가 정상적인 것만은 아닙니다. 아주 드물기는 하지만 아기가 여분의 염색체를 물려받는 경우도 있답니다. 다운증후군 아기들은 염색체 중 하나가 한 쌍으로 이루어진 것이 아니라, 3개로 이루어져 있습니다. 그러니까 염색체 수가 46개가 아닌 47개인 것이지요.

비정상 유전자는 아기의 성장에 커다란 영향을 줍니다. 나아가 이로 인해 생기는 장애는 다음 세대로 유전되기도 합니다.

일란성 쌍둥이와 이란성 쌍둥이

다태 출산이라고도 하는 쌍둥이에는 일란성 쌍둥이와 이란성 쌍둥이가 있습니다. 일란성 쌍둥이는 수정된 난자가 초기에 절반으로 쪼개지면서 생겨나 서로 다른 아기로 성장합니다. 이 쌍둥이는 유전자가 똑같아서 성별과 외모가 매우 비슷합니다.

이란성 쌍둥이는 엄마의 난소에서 두 개의 난자가 동시에 나와 각각 하나의 정자와 결합을 하면서 시작됩니다. 이 쌍둥이는 성별이 같을 수도 있고 다를 수도 있으며, 유전자가 다르기 때문에 일란성 쌍둥이처럼 닮은 모습이 아닙니다.

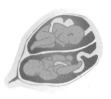

일란성 쌍둥이는 같은 태반 속에 들어 있습니다. 아기 주변의 양수는 얇은 세포층으로 나뉘어져 있지만, 전체적으로는 같은 외층으로 덮여 있습니다.

이란성 쌍둥이는 태반이 따로 떨어져 있습니다. 나아가 각자 다른 양수 주머니로 둘러싸여 있습니다.

세 쌍둥이 이상의 아기들

아기들이 세 쌍둥이 이상일 경우, 이들은 일란성일 수도 있고 이란성일 수도 있습니다. 또는 두 경우가 섞여 있을 수도 있지요. 옛날에는 세 쌍둥이 이상을 낳은 예가 거의 없었습니다. 그런데 의학의 발달과 함께 임신을 돕는 약물이 개발되면서 한 번에 하나 이상의 난자를 만들어 내는 경우가 발생해 세 쌍둥이 이상 출산하는 산모가 많아졌습니다.